Business, Economics, and Law

Reihe herausgegeben von

Stefan Zeranski, Brunswick European Law School (BELS), Wolfenbüttel, Deutschland

Svend Reuse, Hochschule für Oekonomie und Management, FOM, Essen, Deutschland

In einer Wissensgesellschaft ist es erforderlich, Erkenntnisse aus sehr guten wissenschaftlichen Arbeiten frühzeitig zu fixieren und mit der Praxis zu verknüpfen. Die Reihe „Business, Economics, and Law“ befasst sich mit aktuellen Forschungsergebnissen aus den Wirtschafts- und Rechtswissenschaften und leistet damit einen Beitrag zum Diskurs zwischen Theorie und Praxis. Sie gibt Anregungen zu Forschungsthemen und Handlungsimpulse für die Praxis. Springer Gabler Results richtet sich an Autoren, die ihre fachliche Expertise in konzentrierter Form präsentieren möchten. Externe Begutachtungsverfahren sichern die Qualität. Die kompakte Darstellung auf maximal 120 Seiten bringt ausgezeichnete Forschungsergebnisse „auf den Punkt“. Springer Gabler Results ist als Teilprogramm des Bereichs Springer Gabler Research besonders auch für die digitale Nutzung von Wissen konzipiert. Zielgruppe sind (Nachwuchs-)Wissenschaftler, Fach- und Führungskräfte.

Antonia Herre

Energiegemeinschaften im europäischen Energierecht

Vergleich der nationalen Umsetzungen in Österreich und Deutschland mit Handlungsempfehlung für ein deutsches Zielmodell

Springer Gabler

Antonia Herre
Ostfalia Hochschule für angewandte Wissenschaften
Wolfenbüttel, Deutschland

ISSN 2625-6959 ISSN 2625-6967 (electronic)
Business, Economics, and Law
ISBN 978-3-658-50997-2 ISBN 978-3-658-50998-9 (eBook)
https://doi.org/10.1007/978-3-658-50998-9

Die Deutsche Nationalbibliothek verzeichnet diese Publikation in der Deutschen Nationalbibliografie; detaillierte bibliografische Daten sind im Internet über https://portal.dnb.de abrufbar.

Planung/Lektorat: Karina Kowatsch
Springer Gabler ist ein Imprint der eingetragenen Gesellschaft Springer Fachmedien Wiesbaden GmbH und ist ein Teil von Springer Nature.
Die Anschrift der Gesellschaft ist: Abraham-Lincoln-Str. 46, 65189 Wiesbaden, Germany

Wenn Sie dieses Produkt entsorgen, geben Sie das Papier bitte zum Recycling.

Vorwort

Bei dem vorliegenden Werk handelt es sich um die überarbeitete Fassung meiner Bachelorarbeit zur Erlangung des akademischen Grades „Bachelor of Laws (LL.B.)“ im Studiengang *Recht, Finanzmanagement & Steuern* an der Brunswick European Law School (BELS) an der Ostfalia Hochschule für angewandte Wissenschaften in Wolfenbüttel.

Die Arbeit entstand im Frühjahr 2025 im Rahmen meiner Werktätigkeit beim Verteilnetzbetreiber für Strom und Erdgas BS|NETZ, Braunschweiger Netz GmbH, einer hundertprozentigen Tochtergesellschaft des Energieversorgungsunternehmens BS|ENERGY, Braunschweiger-Versorgungs-Aktiengesellschaft & Co. KG.

Die Thesis widmet sich der Umsetzung der europäischen Energierichtlinien zur Förderung von Energiegemeinschaften in Österreich und Deutschland sowie der Frage, wie ein unionsrechtskonformes Zielmodell für Energiegemeinschaften in Deutschland ausgestaltet sein könnte.

Mein besonderer Dank gilt meiner betrieblichen Betreuerin Frau Valeria Bachem für ihre praxisorientierte Begleitung, ihre wertvollen Impulse und das stetige Interesse am Fortgang der Arbeit. Ohne ihre Unterstützung wäre die Verbindung von wissenschaftlicher Analyse und unternehmerischer Praxis in dieser Form nicht gelungen. Ebenso danke ich den Herausgebern Prof. Dr. Zeranski und Prof. Dr. Reuse für die Möglichkeit, meine Arbeit in ihre Schriftenreihe aufzunehmen, sowie für ihre fördernde Begleitung während des gesamten Prozesses.

Darüber hinaus danke ich meinen Kolleginnen und Kollegen für ihre Unterstützung im Arbeitsalltag sowie meiner Familie und meinen Freunden für ihr Verständnis, ihre Geduld und ihren Zuspruch während der intensiven Schreibphase.

Braunschweig
im Oktober 2025

Antonia Herre

Preface[1]

This work is a revised version of my bachelor's thesis for the academic degree "Bachelor of Laws (LL.B.)" in the *Law, Financial Management & Taxation* program at the Brunswick European Law School (BELS) at Ostfalia University of Applied Sciences in Wolfenbüttel.

The thesis was written in the spring of 2025 as part of my work at BS|NETZ, Braunschweiger Netz GmbH, a distribution network operator for electricity and natural gas and a wholly owned subsidiary of the energy supply company BS|ENERGY, Braunschweiger-Versorgungs-Aktiengesellschaft & Co. KG.

The thesis focuses on the implementation of European energy directives for the promotion of energy communities in Austria and Germany, as well as the question of how a target model for energy communities in Germany that complies with EU law could be designed.

I would like to express my special thanks to my supervisor at the company, Ms. Valeria Bachem, for her practical guidance, her valuable input, and her constant interest in the progress of my work. Without her support, combining scientific analysis and business practice in this way would not have been possible. I would also like to thank the editors, Prof. Dr. Zeranski and Prof. Dr. Reuse, for giving me the opportunity to publish my work in their series and for their supportive guidance throughout the entire process.

[1] Übersetzt mit *Deep L.*

In addition, I would like to thank my colleagues for their support in my daily work, as well as my family and friends for their understanding, patience, and encouragement during the intensive writing phase.

Braunschweig
Oktober 2025

Antonia Herre

Kurzfassung

Der fortschreitende Klimawandel stellt Politik, Wirtschaft und Gesellschaft vor tiefgreifende Herausforderungen. Zur Erreichung der europäischen Klimaziele verfolgt die Europäische Union mit dem *Clean Energy for all Europeans*-Paket eine umfassende Strategie zur Förderung einer dezentralen, nachhaltigen und bürgernahen Energieversorgung. Einen zentralen Bestandteil dieses Transformationsprozesses bilden Energiegemeinschaften, die Bürgerinnen und Bürger aktiv in die Energiewende einbinden sollen.

Diese Bachelorarbeit vergleicht die Umsetzung der europäischen Vorgaben zu Energiegemeinschaften in Deutschland und Österreich. Grundlage sind die Erneuerbare-Energien-Richtlinie (RED II und III) sowie die Elektrizitätsbinnenmarktrichtlinie (EMD I und II). Der vergleichende Ansatz zeigt strukturelle Unterschiede, Umsetzungsdefizite und regulatorische Hemmnisse auf, die einer effektiven Bürgerbeteiligung in Deutschland entgegenstehen. Aufbauend auf diesen Erkenntnissen wird ein Zielmodell für Energiegemeinschaften in Deutschland entwickelt – die sogenannte *Energienachbarschaft*.

Das Modell integriert rechtliche, technische, wirtschaftliche und institutionelle Dimensionen, überwindet zentrale Umsetzungsbarrieren und stärkt die aktive Teilhabe von Bürgern am Energiesystem. Abschließend werden Erfolgsfaktoren und Handlungsempfehlungen formuliert, um den deutschen Rechtsrahmen an die europäischen Vorgaben anzupassen und den Ausbau dezentraler Bürgerenergie wirksam zu fördern.

Summary

Advancing climate change poses profound challenges for politics, the economy, and society. To achieve its climate goals, the European Union is pursuing a comprehensive strategy to promote a decentralized, sustainable, and citizen-oriented energy supply with its *Clean Energy for All Europe*ans package. A central component of this transformation process is energy communities, which are intended to actively involve citizens in the energy transition.

This bachelor's thesis compares the implementation of European guidelines on energy communities in Germany and Austria. It is based on the Renewable Energy Directive (RED II and III) and the Internal Electricity Market Directive (EMD I and II). The comparative approach highlights structural differences, implementation deficits, and regulatory barriers that stand in the way of effective citizen participation in Germany. Based on these findings, a target model for energy communities in Germany is developed – the so-called "energy neighborhood".

The model integrates legal, technical, economic, and institutional dimensions, overcomes key implementation barriers, and strengthens the active participation of citizens in the energy system. Finally, success factors and recommendations for action are formulated in order to adapt the German legal framework to European requirements and effectively promote the expansion of decentralized citizen energy.[2]

[2] Übersetzt mit *Deep L.*

Hinweise zur geschlechtsneutralen Sprache

Aus Gründen der besseren Lesbarkeit wird innerhalb der vorliegenden Ausarbeitung auf geschlechterspezifische Formulierungen verzichtet. Dennoch sind stets weibliche und männliche Personen gleichermaßen gemeint.

Inhaltsverzeichnis

Abkürzungs- und Symbolverzeichnis

°C	Grad Celsius
&	Kaufmännisches Und
§	Paragraf
%	Prozent
≠	Ungleich
ABl.	Amtsblatt
Abs.	Absatz
AEUV	Vertrag über die Arbeitsweise der Europäischen Union
AG	Aktiengesellschaft
Art.	Artikel
Az.	Aktenzeichen
BDEW	Bundesverband der Energie- und Wasserwirtschaft
BE-Gesellschaft	Bürgerenergiegesellschaft (DE)
BeckOK	Beck Online Kommentar
BEG	Bürgerenergiegemeinschaft (Ö)
BGBl.	Bundesgesetzblatt
BK	Beschlusskammer
BMWE	Bundesministerium für Wirtschaft und Energie
BNetzA	Bundesnetzagentur
BRats-Drs.	Bundesratsdrucksache
bzw.	Beziehungsweise
ca.	circa
CEC	Citizen Energy Community
CO_2	Kohlenstoffdioxid

CSR	Corporate Social Responsibility
Ct	Cent
d. h.	das heißt
DE	Deutschland
dena	Deutsche Energie-Agentur
DGRV	Deutscher Genossenschafts- und Raiffeisenverband
Dr.	Doktor
E-Auto	Elektroauto
e.G.	eingetragene Genossenschaft
e. V.	eingetragener Verein
EAG	Erneuerbaren-Ausbau-Gesetz
Ed.	Edition
EE	Erneuerbare Energien
EEG	Erneuerbare-Energiegemeinschaft (Ö)
EEG	Erneuerbare-Energien-Gesetz (DE)
EG	Energiegemeinschaft
EG	Europäische Gemeinschaft
ElWOG	Elektrizitätswirtschafts- und -organisationsgesetz (Ö)
EMD	Electricity Market Directive
EnWG	Energiewirtschaftsgesetz
EnWG-E	Entwurf des Energiewirtschaftsgesetzes
EnWZ	Zeitschrift für das gesamte Recht der Energiewirtschaft
ESG	Environment – Social – Governance
et. al.	et alia
EU	Europäische Union
EUV	Vertrag über die Europäische Union
EVU	Energieversorgungsunternehmen
f.	Folgende
ff.	Fortfolgende
FfE	Forschungsstelle für Energiewirtschaft
GEA	gemeinsame Erzeugungsanlage
GG	Grundgesetz
GmbH	Gesellschaft mit beschränkter Haftung
GmbH & Co. KG	Gesellschaft mit beschränkter Haftung & Compagnie Kommanditgesellschaft
HEMS	Home Energy Management System
Hrsg.	Herausgeber
HTML.	Hypertext Markup Language
HTTPS	Hypertext Transfer Protocol Secure

IÖW	Institut für ökologische Wirtschaftsforschung GmbH
i. S. d.	im Sinne des
i. V. m.	in Verbindung mit
Ifeu	Institut für Energie- und Umweltforschung
iMS	intelligentes Messsystem
INFR	infringement
inkl.	inklusiv
IPCC	Intergovernmental Panel on Climate Change
IRENA	International Renewable Energy Agency
IT	Informationstechnik
IWES	Institut für Windenergiesysteme
IZES	Institut für ZukunftsEnergie- und Stoffstromsysteme
KfW	Kreditanstalt für Wiederaufbau
KMU	kleine und mittelständische Unternehmen
KSG	Bundesklimaschutzgesetz
kWh	Kilowattstunde
LIFE	L'Instrument Financier pour l'Environnement
lit.	litera
Mio.	Million
MsbG	Messstellenbetriebsgesetz
MW	Megawatt
NJW	Neue Juristische Wochenschrift
Nr.	Nummer
o. D.	ohne Datum
ÖGV	Österreichischer Genossenschaftsverband
P2P	Peer-to-Peer
PDF	Portable Document Format
Prof.	Professor
PV	Photovoltaik
REC	Renewable Energy Community
RED	Renewable Energy Directive
REPowerEU	Recovery and Resilience Plan for Europe
Rn.	Randnummer
S.	Satz
S.	Seite
SDG	Sustainable Development Goal
SWOT	Strenghts – Weaknesses – Opportunities – Threats
Temp.	Temperatur
THG	Treibhausgas

TU	Technische Universität
u. a.	unter anderem
UN	United Nations
URL	Uniform Resource Locator
Vgl.	Vergleich
v. a.	vor allem
VuR	Verbraucher und Recht
WWW	World Wide Web
z. B.	zum Beispiel
zit.	zitiert als

Abbildungsverzeichnis

Einleitung 1

1.1 Problemstellung

"Today, global emissions are still rising. And this has to change as a matter of urgency. (…) Climate action is not only a necessity. It is also the greatest economic opportunity of our time."[1]

Mit diesen Worten betonte Kommissionspräsidentin Ursula von der Leyen im Jahr 2021 die doppelte Bedeutung der Klimapolitik: Als dringliche Notwendigkeit und als wirtschaftliche Chance. Dennoch lag drei Jahre später, im Jahr 2024, die globale Durchschnittstemperatur erstmals über 1,5 °C[2] gegenüber dem vorindustriellen Niveau (Abbildung 1.1).[3]

[1] Europäische Kommission, Speech by President von der Leyen, Investing in climate action: The Make-or-Break Decade (2021).

[2] Vgl. Europäische Kommission, Copernicus Bericht (2025).

[3] Hierunter wird die Zeit um 1750 verstanden. Zur Annäherung an die Temperaturen zu diesem Zeitpunkt greift man auf die gemessenen Werte von 1850–1900 zurück. Vgl. IPCC, Global Warming of 1.5 °C (2018), S. 556.

A. Herre, *Energiegemeinschaften im europäischen Energierecht*, Business, Economics, and Law, https://doi.org/10.1007/978-3-658-50998-9_1

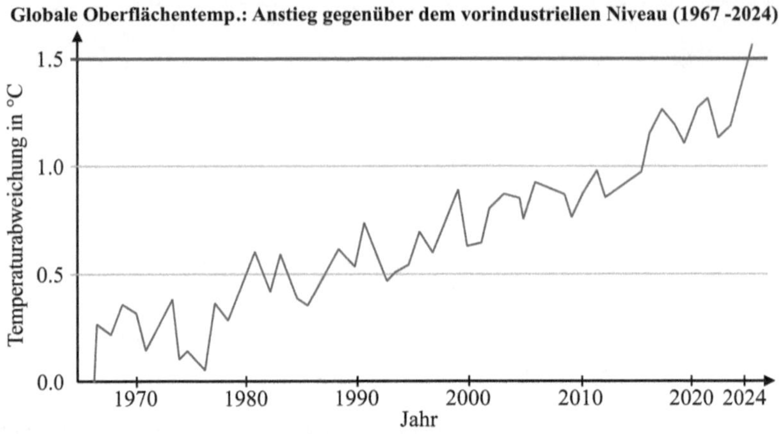

Abbildung 1.1 Entwicklung der globalen Durchschnittstemperatur (1967–2024)[4]

Laut dem Weltklimarat (IPCC) tragen menschliche Aktivitäten, durch die Verbrennung fossiler Energieträger und durch die Freisetzung von Treibhausgasen (THG), wie Kohlenstoffdioxid (CO_2), zur globalen Erwärmung bei.[5] Der Energiesektor ist hierbei von zentraler Bedeutung, dieser verursacht etwa 75 % der THG-Emissionen der EU.[6]

Der dadurch verursachte Klimawandel hat weitreichende, teilweise irreversible Folgen für Ökosysteme, Gesellschaft und Wirtschaft.[7] Als Antwort auf diese Herausforderung hat die Europäische Union (EU) bereits mit dem 2019 verabschiedeten „European Green Deal" und den darauffolgenden Verordnungen eine umfassende Klimastrategie entwickelt. Die energiepolitische Dringlichkeit wurde zusätzlich durch die Folgen des Ukraine-Krieges 2022 verschärft. Dieser machte nicht nur die Abhängigkeit von russischen Energieimporten deutlich, sondern offenbarte auch strukturelle Schwächen des vorherrschenden europäischen Energiesystems.[8]

---

[4] Eigene Darstellung in Anlehnung an: Europäische Kommission, Copernicus Bericht, The 2024 annual climate summary – global Climate Highlights 2024 (2025).

[5] Vgl. IPCC, Global Warming of 1.5 °C (2018), S. 4.

[6] Vgl. Statistisches Bundesamt, Europäischer Green Deal (2025).

[7] Vgl. IPCC, Climate Change 2023 Synthesis Report (2023), S. 12.

[8] Vgl. BMWE, Bundesregierung nimmt Stellung zu Empfehlungen der Monopolkommission für mehr Wettbewerb und Versorgungssicherheit auf den Energiemärkten (2024).

Die Themen Dezentralität, Digitalisierung und auch Demokratisierung der Energieversorgung sind wesentlich, um den notwendigen Umbau der Energiesysteme in Deutschland und Europa durchzuführen. „Das Ziel der Klimaneutralität der Union erfordert eine gerechte Energiewende, bei der kein Gebiet und keiner der Bürger ausgeschlossen wird, eine Steigerung der Energieeffizienz und deutlich höhere Anteile von Energie aus erneuerbaren Quellen in einem integrierten Energiesystem.“[9]

Vor diesem Hintergrund gewinnen die von der EU-Kommission geschaffenen Energiegemeinschaften an Bedeutung. Energiegemeinschaften eröffnen neue Handlungsspielräume, um Bürger aktiv in die Energiewende einzubinden. Durch die gemeinschaftliche Erzeugung und Nutzung von Strom sowie durch die Möglichkeit einer finanziellen Beteiligung an Energievorhaben, kann dies ermöglicht werden. Für eine flächendeckende Umsetzung sind technische, regulatorische und ökonomische Voraussetzungen erforderlich. Diese befinden sich in Deutschland und Europa teilweise in der Umsetzung, müssen erst noch geschaffen werden oder bieten bislang keine ausreichenden wirtschaftlichen Anreize.[10]

1.2 Ziel und Aufbau der Arbeit

Ziel dieser Arbeit ist es, ein unionsrechtskonformes Zielmodell für Energiegemeinschaften in Deutschland zu entwickeln. Ausgangspunkt ist die Feststellung, dass die deutsche Politik die europarechtlichen Vorgaben aus den RED-Richtlinien sowie der Elektrizitätsbinnenmarktrichtlinie (EMD) nur unzureichend in nationales Recht übertragen hat und somit entscheidende Potenziale gemeinschaftlicher Energieversorgung ungenutzt bleiben. Diese Arbeit verfolgt das Ziel, ein Synthesemodell zu entwerfen, das Bürgerbeteiligung stärkt, regulatorische Hürden überwindet und technische sowie wirtschaftliche Bedingungen in Einklang bringt. Im Zentrum der Untersuchung steht die folgende Forschungsfrage:

[9] Richtlinie (EU) 2023/2413 des Europäischen Parlaments und des Rates vom 18. Oktober 2023 zur Änderung der Richtlinie (EU) 2018/2001, der Verordnung (EU) 2018/1999 und der Richtlinie 98/70/EG im Hinblick auf die Förderung von Energie aus erneuerbaren Quellen und zur Aufhebung der Richtlinie (EU) 2015/652, ABl. L 2023/2413 vom 31.10.2023, Erwägungsgrund (1); Im Folgenden RED II.

[10] Vgl. dena, Energy Communities (2022), S. 5.

„Welche Elemente muss ein Zielmodell für Energiegemeinschaften in Deutschland enthalten, um den europäischen Rechtsvorgaben zu genügen und den Ausbau dezentraler Bürgerenergie erfolgreich zu ermöglichen?“

Dabei gliedert sich die Arbeit in fünf Kapitel:

Kapitel 1 führt in die Thematik ein, skizziert die Problemstellung, stellt die zugrundeliegende Forschungsfrage, das Ziel sowie die methodische Herangehensweise vor.

Anschließend widmet sich **Kapitel 2** der begrifflichen und rechtlichen Einordnung von Energiegemeinschaften auf europäischer Ebene. Neben einer historischen Kontextualisierung werden die relevanten unionsrechtlichen Definitionen sowie deren strukturelle Merkmale systematisch aufgearbeitet.

Den theoretischen Kern der Analyse bildet das **3. Kapitel.** Es untersucht Energiegemeinschaften als Instrument der Energiewende, stellt ihre Funktionen, Potenziale und Herausforderungen dar und vergleicht exemplarisch die innerstaatliche Umsetzung in Österreich und Deutschland. Der Fokus liegt hierbei auf der Ableitung systematischer Gemeinsamkeiten, Unterschiede und Defizite.

Kapitel 4 bildet den wesentlichen Beitrag zur Beantwortung der Forschungsfrage. Aufbauend auf der vorhergehenden Analyse wird ein idealtypisches Zielmodell für Energiegemeinschaften in Deutschland entwickelt. Hierzu werden zunächst grundlegende Anforderungen abgeleitet und in ein konkretes Strukturmodell der „Energienachbarschaft“ überführt, das entlang rechtlicher, organisatorischer, technischer, wirtschaftlicher und institutioneller Dimensionen ausgestaltet wird. Ergänzend erfolgt eine Analyse potenzieller Umsetzungshindernisse sowie eine reflektierende Bewertung des Modells mithilfe eines Environment-Social-Governance (ESG)-orientierten Business Canvas Model.[11]

Das **5. Kapitel** stellt den abschließenden Teil der Arbeit dar. In diesem Abschnitt werden die Ergebnisse zusammenfasst und Handlungsperspektiven formuliert.

[11] Vgl. Wagner/Ruttloff/Schulerm, Orientierungspunkte der Rechtsprechung für ESG-Pflichten im Jahr 2024 (2025), Rn.1.

1.3 Methoden der Problembearbeitung

Die vorliegende Untersuchung folgt einem qualitativen und normativ-konzeptionellen Forschungsansatz. Zunächst erfolgt eine systematische Auswertung der unionsrechtlichen Vorgaben, insbesondere der einschlägigen Bestimmungen zu Energiegemeinschaften in der RED II, RED III und der EMD.[12] Anschließend wird untersucht, in welchem Umfang und durch welche rechtliche Ausgestaltung diese Vorgaben in Deutschland und Österreich mit dem nationalen Recht in Einklang gebracht wurden. Methodisch kombiniert die Arbeit eine dogmatische Analyse mit einer vergleichenden Betrachtung der innenpolitischen Umsetzungspraxis.

Darauf aufbauend wird ein normatives Zielmodell für Energiegemeinschaften in Deutschland entwickelt, das rechtliche, technische und wirtschaftliche Kriterien integriert. Zur Bewertung des entwickelten Zielmodells wird zunächst die SWOT-Analyse eingesetzt, um dessen Umsetzbarkeit systematisch zu prüfen sowie strukturelle Chancen und Risiken einer praktischen Realisierung zu identifizieren. Aufbauend auf dieser Analyse erfolgt eine vertiefte Reflexion mithilfe des ESG Business Model Canvas, das als heuristisches Instrument normative Nachhaltigkeitsdimensionen integriert und die Bewertung des Modells um ökologische, soziale und Governance-Aspekte erweitert. Die Analyse stützt sich auf eine systematische Auswertung aktueller Fachliteratur, einschließlich gesetzlicher Kommentare, wissenschaftlicher Studien, Leitfäden von Fachinstitutionen (z. B. Umweltbundesamt, dena, Agora Energiewende) sowie unionsrechtlicher Primärquellen und deren Umsetzung. Ergänzend wurden Vergleichsstudien und Fallbeispiele aus Österreich herangezogen, um praxisnahe Rückschlüsse auf rechtliche, organisatorische und wirtschaftliche Rahmenbedingungen zu ermöglichen.

---

[12] Vgl. Richtlinie (EU) 2023/2413 des Europäischen Parlaments und des Rates vom 18. Oktober 2023 zur Änderung der Richtlinie (EU) 2018/2001, der Verordnung (EU) 2018/1999 und der Richtlinie 98/70/EG im Hinblick auf die Förderung von Energie aus erneuerbaren Quellen und zur Aufhebung der Richtlinie (EU) 2015/652, ABl. L 2023/2413 vom 31.10.2023; Im Folgenden: RED III.

Grundlagen und Begriffsbestimmungen von Energiegemeinschaften im Kontext der EU-Politik

2

Die rechtliche und organisatorische Einordnung von Energiegemeinschaften im europäischen Kontext setzt ein Verständnis des historischen und politischen Entstehungshintergrunds voraus. Die Entwicklung der globalen und europäischen Klimapolitik bildet dabei die Grundlage für die heutigen energiepolitischen Zielsetzungen und rechtlichen Rahmenbedingungen, die maßgeblich zur Entstehung und Förderung von Energiegemeinschaften beigetragen haben.

2.1 Klimapolitischer und energiepolitischer Hintergrund

Eine umfassende Auseinandersetzung hinsichtlich der Bildung von Energiegemeinschaften lässt sich nur im Kontext der internationalen Klimapolitik herleiten. Bereits in den 1970er Jahren erkannte die weltweite Forschung den Klimawandel als ernsthafte, globale Bedrohung für Mensch und Natur. Als Reaktion darauf fand 1979 die erste Klimakonferenz in Genf statt.[1]

In den folgenden Jahren rückte ein grundlegendes Leitprinzip im Umgang mit Umwelt- und Entwicklungsfragen zunehmend unter dem Begriff der Nachhaltigkeit in den Fokus. Aufgrund seiner Vielschichtigkeit existiert keine einheitliche Definition des Begriffs. Doch das Prinzip der Nachhaltigkeit wurde erstmals im sogenannten „Brundtland-Bericht" der Vereinten Nationen (UN) 1987 aufgegriffen und folgendermaßen definiert: „Nachhaltige Entwicklung ist eine Entwicklung, die die Bedürfnisse der Gegenwart befriedigt, ohne zu riskieren,

[1] Vgl. Kaiser/Sadik, Internationale Klimakonferenzen (2025).

A. Herre, *Energiegemeinschaften im europäischen Energierecht*, Business, Economics, and Law, https://doi.org/10.1007/978-3-658-50998-9_2

dass künftige Generationen ihre eigenen Bedürfnisse nicht befriedigen können".[2] Transnationale Vereinbarungen wie die Klimarahmenkonvention (1992)[3] und das Pariser Klimaabkommen im Jahr 2015 führten zu verbindlichen Klimazielen. Dabei verpflichtet letzteres die Vertragsstaaten, die Erderwärmung auf deutlich unter 2 °C, möglichst 1.5 °C, gegenüber dem vorindustriellen Niveau zu begrenzen.[4]

2.2 Rechtlicher Rahmen der EU-Klimapolitik und energiepolitische Strategieziele

Nach der Verabschiedung des Pariser Klimaabkommens konkretisierte die EU ihre Klimaziele und Maßnahmen schrittweise, um ihren Beitrag zur Begrenzung der globalen Erderwärmung zu leisten.

Der 2019 veröffentlichte Europäische Green Deal stellt das maßgebliche strategische Rahmenwerk dar, mit dem die EU bis 2050 Klimaneutralität erreichen und somit keine Netto-Treibhausgase mehr ausstoßen will.[5] Der Green Deal soll zudem zur Erreichung der UN-Agenda 2030 und der darin enthaltenen 17 Ziele für nachhaltige Entwicklung (SDG) beitragen (Abbildung 2.1). Die SDGs fördern wirtschaftliche, soziale und ökologische Nachhaltigkeit.[6] Zur Verwirklichung wurde das Legislativpaket „Fit for 55" verabschiedet, mit dem die Treibhausgasemissionen bis 2030 um mindestens 55 % gegenüber 1990 gesenkt werden sollen.[7]

---

[2] Vgl. World Commission on Environment and Development, Our Common Future (1987), S. 41, Übersetzung nach: Lexikon der Nachhaltigkeit, Brundtland Bericht (2015).

[3] Vgl. Umweltbundesamt, Klimarahmenkonvention der Vereinten Nationen (2024).

[4] Vgl. Übersetzung des Übereinkommens von Paris, ABl. L 282/4 vom 19.10.2016, Art. 2 Abs. 1 lit. a.

[5] Vgl. Statistisches Bundesamt, Europäischer Green Deal (2025).

[6] Vgl. Vereinte Nationen, Agenda 2030 für nachhaltige Entwicklung (2015).

[7] Vgl. Europäischer Rat, Fit für 55 (2025).

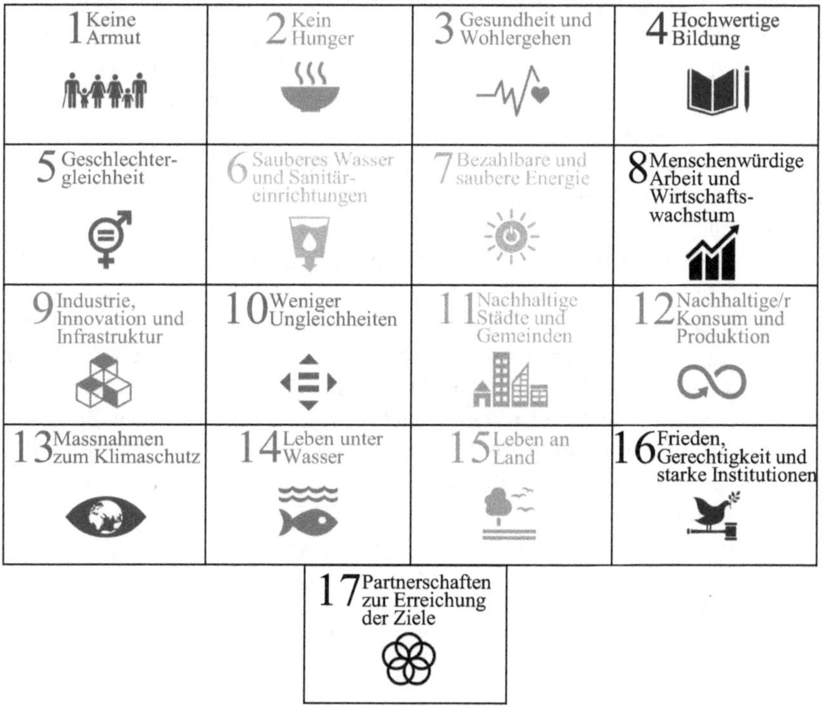

Abbildung 2.1 Agenda 2030 und die 17 SDGs[8]

Zur Realisierung der vertraglich und gesetzlich vereinbarten Klimaziele setzt die Europäische Union auf die Weiterentwicklung ihres Rechtsrahmens für erneuerbare Energien. Mit der RED und ihren überarbeiteten Fassungen wurde erstmals ein verbindlicher Rechtsrahmen geschaffen, um den Anteil erneuerbarer Energien in der EU zu steigern und neue Modelle wie Energiegemeinschaften zu fördern.[9]

Aufbauend auf die RED I (2009/28/EG), die bereits vor dem Pariser Abkommen grundlegende Bestimmungen formulierte, leitete RED II (2018/2001/EU)

[8] Eigene Darstellung in Anlehnung an: Die Bundesregierung, Die 17 globalen Nachhaltigkeitsziele verständlich erklärt (2025).

[9] Vgl. Richtlinie 2009/28/EG des Europäischen Parlaments und des Rates vom 23. April 2009 zur Förderung der Nutzung von Energie aus erneuerbaren Quellen und zur Änderung sowie Aufhebung der Richtlinien 2001/77/EG und 2003/30/EG, ABl. L 140 vom 5. Juni 2009; Im Folgenden RED I; Erwägungsgrund (5); Erwägungsgrund (42) RED II.

eine umfassende Neuausrichtung ein und legte den Grundstein für das Konzept der Erneuerbaren-Energiegemeinschaft (REC).[10] Die jüngst überarbeitete RED III (2023/2413/EU) setzte diesen Prozess fort, indem sie den regulatorischen Rahmen weiter verschärft und den Ausbauzielwert für den Anteil erneuerbarer Energien auf mindestens 42.5 % bis 2030 anhebt. Zugleich stärkt sie damit die Rolle von Energiegemeinschaften.[11] Dieses Regelwerk wird ergänzt durch die Elektrizitätsbinnenmarktrichtlinie (EMD; 2019/944/EU). Diese Richtlinie definiert die Bürgerenergiegemeinschaft (CEC) als neuen Akteur im Energiemarkt, sowie die Rechte und Pflichten für Endkunden und Gemeinschaften im Strommarkt.[12] Im Jahr 2024 wurde die EMD durch die Richtlinie (EU) 2024/1711 erweitert, die mit Artikel 15a erstmals ein ausdrückliches Recht auf gemeinsame Energienutzung verankert und damit die partizipative Dimension des Binnenmarktes für Strom weiter stärkt.[13] Richtlinien wie die RED oder EMD sind sekundäre Rechtsakte der EU, die für alle Mitgliedstaaten hinsichtlich der zu erreichenden Ziele verbindlich sind. Allerdings bleibt den Staaten bei der Umsetzung auf Bundesebene ein Ermessensspielraum hinsichtlich der Form und Mittel. Das unterscheidet sie von EU-Verordnungen, die unmittelbar in allen Mitgliedstaaten gelten, ohne dass es einer Implementierung auf nationales Recht bedarf.[14]

---

[10] Vgl. Art. 2 Nr. 16 RED II.

[11] Vgl. Richtlinie (EU) 2023/2413 des Europäischen Parlaments und des Rates vom 18. Oktober 2023 zur Änderung der Richtlinie (EU) 2018/2001, der Verordnung (EU) 2018/1999 und der Richtlinie 98/70/EG im Hinblick auf die Förderung von Energie aus erneuerbaren Quellen und zur Aufhebung der Richtlinie (EU) 2015/652, ABl. L 2023/2413 vom 31.10.2023, Erwägungsgrund (5). Im Folgenden RED III.

[12] Vgl. Richtlinie (EU) 2019/944 des Europäischen Parlaments und des Rates vom 5. Juni 2019 über gemeinsame Vorschriften für den Elektrizitätsbinnenmarkt und zur Änderung der Richtlinie 2012/27/EU, ABl. L 158 vom 14.6.2019, Art. 2 Nr. 11; Im Folgenden EMD.

[13] Vgl. Richtlinie (EU) 2024/1711 des Europäischen Parlaments und des Rates vom 13. Juni 2024 zur Änderung der Richtlinien (EU) 2018/2001 und (EU) 2019/944 im Hinblick auf die Verbesserung des Designs des Elektrizitätsmarkts in der Union, ABl. L 202 vom 26. 6. 2024; Im Folgenden EMD II.

[14] Vgl. Europäische Union, Arten von Rechtsvorschriften.

2.3 Begriffsbestimmung der Energiegemeinschaften gemäß EU-Recht

Auf Basis des zuvor skizzierten unionsrechtlichen Rahmens wird im Folgenden eine systematische Begriffsbestimmung der Energiegemeinschaft vorgenommen.

Energiegemeinschaften sind ihrem Naturell nach freiwillige Zusammenschlüsse von natürlichen und juristischen Personen, darunter Privatpersonen, kleine und mittelständische Unternehmen (KMU) sowie Kommunen, die gemeinsam Energie erzeugen, speichern, verbrauchen und vermarkten.[15] Sie verkörpern den Übergang von einer zentralisierten hin zu einer dezentralen und gemeinschaftlich getragenen Energieversorgung.[16] Charakteristisch sind dabei demokratische Entscheidungsstrukturen, eine lokale Verankerung sowie eine ökologisch nachhaltige, am Gemeinwohl orientierte Zielsetzung, die sich von klassischen Energieversorgern unterscheidet.[17]

Teleologisch zielen Energiegemeinschaften darauf ab, zur Dekarbonisierung des Energiesystems beizutragen, soziale Teilhabe an der Energiewende zu ermöglichen und die regionale Wertschöpfung zu fördern.[18] Sie stärken durch gemeinschaftliche Strukturen die Akzeptanz erneuerbarer Energien, wirken stabilisierend auf Energiepreise, fördern energiebezogene Eigenverantwortung und leisten einen Beitrag zur Bekämpfung von Energiearmut.[19]

In materieller Hinsicht übernehmen Energiegemeinschaften vielfältige energiewirtschaftliche Funktionen. Ihre Mitglieder agieren häufig als Prosumer, indem sie sowohl Energie erzeugen als auch verbrauchen.[20] Die gemeinschaftlich erzeugte Energie stammt primär aus erneuerbaren Energiequellen.[21] Darunter Solar- und Windenergie, Biomasse, Wasserkraft und Geothermie.[22] Diese Energie

[15] Vgl. Art. 2 Nr. 16 lit. a RED II.

[16] Vgl. Gruber/Tischler/Wogrin, How to Energiegemeinschaft (2022), S. 1.

[17] Vgl. Art. 2 Nr. 16 lit. a RED II.

[18] Vgl. Erwägungsgrund (30), Art. 15d Abs. 2 RED III.

[19] Vgl. Art. 21 Abs. 6 RED II; Erwägungsgrund (2), (4), (101) RED III; Erwägungsgrund (59), (60) EMD.

[20] Vgl. Cejka/Kitzmüller, Rechtsfragen zur Gründung & Umsetzung von EG (2021), S. 2.

[21] Vgl. Art. 22 Abs. 2 lit. a RED II.

[22] Vgl. Art. 2 Nr.1 RED II.

wird vor Ort genutzt, gespeichert oder ins öffentliche Netz eingespeist. Energiegemeinschaften können über ihre Organisation auch Stromlieferverträge abschließen oder netzdienliche Flexibilitätsdienste[23] anbieten.[24]

Formell betrachtet erfordern Energiegemeinschaften eine rechtlich verbindliche Organisationsstruktur mit eigener Rechtspersönlichkeit.[25] Mögliche Rechtsformen umfassen Genossenschaften, Vereine oder Kapitalgesellschaften.[26] Diese Strukturen ermöglichen eine rechtssichere Teilnahme am Energiemarkt und die Wahrnehmung gemeinschaftlicher Interessen.

Synoptisch lassen sich im europäischen Rechtsrahmen zwei Hauptformen der Energiegemeinschaften unterscheiden: Zum einen die REC (Art. 2 Nr. 16 RED II), die regional verankert ist und ausschließlich auf erneuerbare Energiequellen setzt. Zum anderen die CEC (Art. 2 Nr. 11 EMD), die technologieoffen ausgestaltet, in ihrer räumlichen Reichweite weiter gefasst ist und sich nicht zwingend auf erneuerbare Energieträger beschränkt.

2.4 Definition energierechtlicher Begriffe

Die folgenden Definitionen bilden das konzeptionelle Fundament von Energiegemeinschaften. Sie erfassen ausschlaggebende Konzepte der Energiewende, wesentliche Akteure (Abbildung 2.2) sowie technische und regulatorische Rahmenbedingungen.

Der Begriff der **Energiewende** beschreibt den grundlegenden Umbau des Energiesystems hin zu einer nachhaltigen Versorgung auf Basis **erneuerbarer Energien**. Diese Energien sind nahezu unerschöpfliche oder sich rasch erneuernde Energiequellen und bilden, neben der Steigerung der Energieeffizienz, eine tragende Säule in der Energiewende. Dazu zählen hauptsächlich Sonnen-, Wind- und Bioenergie, Geothermie und Wasserkraft. Beabsichtigt ist, fossile Energieträger und Atomkraft schrittweise abzulösen, klimaschädliche Emissionen deutlich zu senken und gleichzeitig die Energieeffizienz zu steigern. Während die Umstellung im Stromsektor am weitesten fortgeschritten ist, umfasst die Energiewende langfristig alle Bereiche des Energiesystems.[27]

---

[23] Vgl. Abschnitt 2.4.

[24] Vgl. Art. 22 Abs. 4 RED II; Art. 16 Abs. 3 EMD.

[25] Vgl. Erwägungsgrund (44) EMD.

[26] Vgl. Zenke, Energiegesellschaft.

[27] Vgl. Canzler/Radtke, Energiewende (2019), S. 407.

Dezentralität bezeichnet im energiewirtschaftlichen Rahmen die verstärkte Nutzung vieler kleiner Erzeugungsanlagen in räumlicher Verbrauchernähe. Im Gegensatz zur traditionellen, zentralisierten Energieerzeugung in Großkraftwerken fördert sie eine regionale Energieversorgung, Bürgerbeteiligung und resiliente Netzstrukturen.[28]

Netzdienlichkeit bezeichnet das Maß, in dem eine Energieanwendung, insbesondere in Gebäuden, zur Stabilität und Effizienz des Stromnetzes beiträgt. Dabei geht es um die optimierte Steuerung des Stromverbrauchs sowie der Einspeisung lokal erzeugter Energie (z. B. aus PV-Anlagen) unter Berücksichtigung der Lastflüsse und Bedarfe im übergeordneten Netz.[29] Ziel ist es, die gebäudetechnischen Anlagen so zu betreiben, dass Netzengpässe vermieden und netzseitige Kosten reduziert werden können.[30]

Im Kontext der Energiewende bezeichnet **Governance** die Entwicklung und Steuerung geeigneter politischer, gesellschaftlicher und institutioneller Strategien. Dabei soll das Zusammenspiel zentraler und dezentraler Elemente in zukünftigen Energiesystemen effektiv, partizipativ und legitim gestaltet werden. Sie umfasst dabei nicht nur die technische Steuerung, sondern auch Verfahren der Beteiligung, Legitimation und Koordination auf verschiedenen Ebenen.[31]

Die **Regulierung** bezeichnet die staatliche Steuerung von Märkten durch Regulierungsbehörden, wie die Bundesnetzagentur (BNetzA) oder die Landesregulierungsbehörden. Im Energiesektor betrifft dies vor allem die Kontrolle von natürlichen Monopolen wie Strom- und Gasverteilnetzen. Zu den grundlegenden Aufgaben zählen etwa die Überprüfung der Einhaltung der Entflechtungsvorschriften, die Festlegung für einen kosteneffizienten Netzbetrieb, die Überprüfung der Berechnung der Netzentgelte, sowie die Implementierung neuer Marktrollen im Einklang mit dem EnWG oder MsbG.[32]

[28] Vgl. Braun/Dabrock/Ried, Energiewende: Alles eine Frage der Partizipation? (2017), S. 9.

[29] Vgl. BMWE, Netzdienlichkeit (2025).

[30] Vgl. BNetzA, Beschlusskammer 8, Festlegungsentwurf BK8-24-001-A (2024), S. 7.

[31] Vgl. Braun/Dabrock/Ried, Energiewende: Alles eine Frage der Partizipation? (2017), S. 12.

[32] Vgl. BNetzA, Anreizregulierung von Strom- und Gasnetzbetreibern (2025).

Marktakteur	Definition
Energieversorgungsunternehmen (EVU)[a]	Natürliche oder juristische Personen, die Energie an andere liefern, ein Energieversorgungsnetz betreiben oder an einem Energieversorgungsnetz als Eigentümer Verfügungsbefugnis besitzen.
Stromlieferant[b]	Natürliche oder juristische Personen, deren Geschäftstätigkeit ganz oder teilweise auf den Vertrieb von Strom zum Zwecke der Belieferung von Letztverbrauchern ausgerichtet ist.
Netzbetreiber[c]	Natürliche, juristische Personen oder rechtlich unselbständige Organisationseinheiten eines EVUs, die für den Betrieb, die Wartung und den Ausbau eines Elektrizitäts- oder Gasversorgungsnetzes in einem bestimmten Gebiet verantwortlich sind.
Messstellenbetreiber[d]	Verantwortlich für Einbau, Betrieb und Wartung von Stromzählern; meist der örtliche Netzbetreiber oder ein Dritter.
Aggregator[e]	Natürliche oder juristische Personen, die Erzeugungs- oder Verbrauchseinheiten in Energieanlagen bündeln und diese Leistung auf dem Strommarkt vermarkten.

Abbildung 2.2 Definition der Marktakteure der deutschen Energiewirtschaft. ([a] Vgl. § 3 Nr. 18 EnWG. [b] Vgl. § 3 Nr. 31c EnWG. [c] Vgl. § 3 Nr. 27 EnWG i.V.m. § 3 Nr. 2-5, 7, 8, 10, 10a EnWG; Im Folgenden nur fur die Sparte Strom. [d] Vgl. § 3 Nr. 26b i.V.m § 3 Nr. 26c EnWG. [e] Vgl. § 3 Nr. 1a EnWG.)

Ein **intelligentes Messsystem** (iMS) kombiniert einen digitalen Stromzähler mit einem Kommunikationsmodul, das Verbrauchs- und Einspeisedaten sicher und automatisiert überträgt. Es ermöglicht eine transparente Darstellung des Energieverbrauchs, die Fernübertragung von Messwerten sowie die Grundlage für zeitvariable Tarife und eine intelligente Netzsteuerung.[33]

Ein **Peer-to-Peer-Energiehandel (P2P)** im Bereich erneuerbarer Energien beschreibt den direkten Verkauf von Strom zwischen Marktteilnehmern. Die Transaktion erfolgt auf Basis eines vorher festgelegten Vertrags, der eine automatische Abwicklung und Abrechnung ermöglicht.[34]

Die **Blockchain** ist eine dezentrale, digitale Datenbank, in der Transaktionen fälschungssicher und transparent gespeichert werden. Im Energiesektor ermöglicht sie z. B. die automatisierte Abwicklung von P2P-Handelsprozessen

[33] Vgl. § 2 Nr. 7 MsbG.

[34] Vgl. Art. 2 Nr. 18 RED II.

durch sogenannte **Smart Contracts.**[35] Diese Verträge sind Computerprotokolle, die in ihrem Quelltext Festlegungen von unveränderlichen Regeln haben, die beim Auftreten bestimmter Ereignisse oder bei bestimmten Eingaben vordefinierte Handlungen bzw. Änderungen an einem Datensatz auslösen. Auf diese Weise automatisieren sie die Durchführung, Überprüfung und Dokumentation von Transaktionen. So lassen sich Strommengen, Preise und Lieferbeziehungen manipulationssicher dokumentieren ohne zentrale Instanz.[36]

Flexibilitätsdienste bezeichnen die gezielte Bereitstellung, Steuerung oder Verschiebung von Stromproduktion, -verbrauch oder -speicherung, um das Stromnetz zu stabilisieren oder Engpässe zu vermeiden. Diese Dienste können sowohl durch große Akteure wie Industrieanlagen, als auch durch selbstverwaltete Teilnehmer (z. B. Energiegemeinschaften mit Speichern oder steuerbaren Verbrauchseinrichtungen[37]) erbracht werden. Flexibilitätsoptionen sind dabei technische oder marktdienliche Möglichkeiten, um Energieflüsse zeitlich, örtlich oder mengenmäßig anzupassen.[38]

Energy Sharing bezeichnet die gemeinschaftliche Nutzung von Strom aus erneuerbaren Quellen durch mehrere Endverbraucher in einem räumlichen Zusammenhang, wobei typischerweise das öffentliche Stromnetz mitgenutzt wird. Eine einheitliche Definition existiert nicht.[39] Rechtsgrundlage bildet insbesondere Art. 15a EMD II, der den Mitgliedstaaten vorschreibt, diskriminierungsfreie Rahmenbedingungen für solche kollektiven Nutzungsformen zu schaffen.[40] Energy Sharing lässt sich unionsrechtlich als Tätigkeit von gemeinschaftlich handelnden Eigenversorgern sowie innerhalb der Energiegemeinschaften verorten.[41]

Zusammensetzung **Strompreis für Haushalte**: Der Strompreis besteht aus drei Hauptkomponenten; Stand: Juli 2025 (Abbildung 2.3):

- Beschaffung und Vertrieb (ca. 40 %): Kosten für die Stromerzeugung, Einkauf an der Börse und Vertrieb an Endkunden.
- Netzentgelte (ca. 28 %): Entgelte für die Nutzung der Stromnetze (Transport und Verteilung); reguliert über die BNetzA.

---

[35] Vgl. dena, Energy Communities (2022), S. 78.

[36] Vgl. BeckOGK/Lehner/Schmittmann, § 54 MsbG. Rn. 57 (2024).

[37] Darunter fallen u. a. Ladesäulen für E-Autos oder Wärmepumpen; Vgl. BNetzA, Integration von steuerbaren Verbrauchseinrichtungen (2025).

[38] Vgl. dena, Energy Communities (2022), S. 70.

[39] Vgl. Deutscher Bundestag, Wissenschaftliche Dienste: Energy Sharing (2024), S. 4.

[40] Vgl. Art. 15a Abs. 1 EMD II.

[41] Vgl. dena, Energy Communities (2022), S. 76.

- Steuern, Abgaben und Umlagen (ca. 32 %): z. B. Stromsteuer, Konzessionsabgabe, Mehrwertsteuer sowie Umlagen wie die Offshore-Netzumlage.[42] Dazu zählt u. a. der Aufschlag für besondere Netznutzung, zur Verteilung von Mehrkosten aus der Integration erneuerbarer Energien.[43]

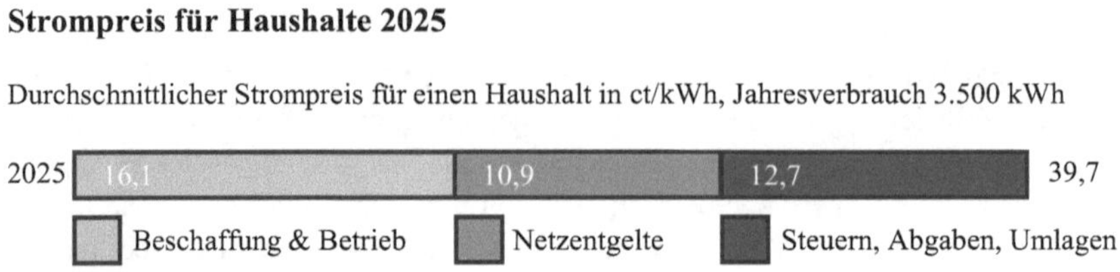

Abbildung 2.3 Durchschnittliche Strompreiszusammensetzung für Haushalte in Deutschland 2025[44]

2.5 Definition ergänzender methodischer Begriffe zur Modellbewertung

Neben den im vorangegangenen Kapitel dargestellten energiewirtschaftlichen Begriffen werden im Folgenden zwei methodische Instrumente definiert, die im analytischen Teil dieser Arbeit (vgl. Kapitel 4) Anwendung finden: die **SWOT-Analyse** und das **ESG Business Model Canvas**. Beide Modelle dienen der systematischen Bewertung des entwickelten Zielmodells der „Energienachbarschaft", unterscheiden sich jedoch in ihrer Zielrichtung.

Die **SWOT-Analyse** ist ein strukturierendes Instrument zur strategischen Bewertung von Organisationen, Projekten oder Konzepten. Sie fasst die Ergebnisse vorangegangener Analysen zusammen und ordnet sie in einer Vier-Felder-Matrix, die zwischen internen und externen Einflussgrößen unterscheidet.

[42] Vgl. Döring, Energieerzeugung nach Novellierung des EEG (2015), S. 28 ff.; BDEW, Strompreisanalyse (2025).

[43] Vgl. BNetzA, Beschlusskammer 8, Festlegungsentwurf BK8–24-001-A (2024), S. 1.

[44] Eigene Darstellung in Anlehnung an: BDEW, Strompreisanalyse (2025).

- **Stärken (Strengths)** und **Schwächen (Weaknesses)** beschreiben die interne Ausgangslage und beziehen sich auf Ressourcen, Kompetenzen und Strukturen.
- **Chancen (Opportunities)** und **Risiken (Threats)** spiegeln die externe Perspektive wider, etwa technologische Entwicklungen, Marktveränderungen oder regulatorische Trends.[45]

Das **ESG Business Model Canvas** dient als methodisches Instrument zur systematischen Reflexion von Geschäftsmodellen unter Berücksichtigung ökologischer, sozialer und Governance-Aspekte. Grundlage bildet das klassische Business Model Canvas nach Osterwalder und Pigneur, das die zentralen Bausteine eines Geschäftsmodells, wie Wertangebote, Wertschöpfungsprozesse, Schlüsselressourcen, Partnerstrukturen und Erlösmechanismen, strukturiert abbildet.[46]

Unter einem „Geschäftsmodell" versteht man die strukturierte Abbildung der Wertschöpfung und Wertrealisierung innerhalb einer Organisation.[47] Damit lässt sich die strategische Tragfähigkeit des Zielmodells über ökonomische Kriterien hinaus bewerten. Aufbauend auf diesem Verständnis erweitert das ESG Business Model Canvas den Ansatz, indem es Nachhaltigkeitsdimensionen integriert und somit eine ganzheitliche Bewertung ermöglicht. Zudem ermöglicht das Modell eine kompakte Visualisierung von Wertschöpfungsprozessen sowie deren gesellschaftlichen und ökologischen Implikationen

Der **ESG**-Ansatz umfasst drei zentrale Dimensionen:

- **Environmental (E):** ökologische Faktoren wie Klimaschutz, Ressourcenschonung, Energieeffizienz oder Emissionsminderung.
- **Social (S):** soziale Aspekte wie Teilhabe, Akzeptanz, faire Preisgestaltung, Chancengerechtigkeit oder der Beitrag zur Bekämpfung von Energiearmut.
- **Governance (G):** institutionelle und steuerungsbezogene Strukturen, etwa Rechtsformwahl, Transparenz, demokratische Entscheidungsverfahren oder Compliance.[48]

---

[45] Vgl. Kaufmann, Strategiewerkzeuge aus der Praxis (2025), S. 289.

[46] Vgl. Bungard, CSR und Geschäftsmodelle (2018), S. 10.

[47] Vgl. Lüdeke-Freund, CSR und Geschäftsmodelle (2018), S. 36.

[48] Vgl. Schölzel, ESG – Definition und Bedeutung für Unternehmen und Investoren (2024).

3 Formen der gemeinschaftlichen Energie-Nutzung im europäischen Rechtsrahmen: Theoretische Fundierung und nationale Umsetzung in Österreich & Deutschland

Die Energieversorgung ist aus theoretischer Sicht ein System, das gleichermaßen von Markt- und staatlichen Steuerungsdefiziten geprägt ist. Ihre zentrale Herausforderung besteht darin, Versorgungssicherheit, Wirtschaftlichkeit, Nachhaltigkeit und Teilhabe gleichermaßen zu gewährleisten.[1]

Vor diesem Hintergrund entstehen Energiegemeinschaften als intermediäre Organisationsformen, die öffentliche Interessen mit marktwirtschaftlicher Effizienz verbinden.[2] Sie reagieren auf Defizite in der bisherigen Energiepolitik, indem sie die Bürger direkt an der Erzeugung und Nutzung erneuerbarer Energie beteiligen und dadurch neue Formen kollektiver Energieverantwortung schaffen.[3]

Vor diesem theoretischen Hintergrund widmet sich das folgende Kapitel der unterschiedlichen Ausprägung gemeinschaftlicher Energienutzung im europäischen Energierecht. Im Mittelpunkt stehen die unionsrechtlichen Grundlagen sowie deren nationale Umsetzung in Österreich und Deutschland. Durch den Vergleich der rechtlichen, institutionellen und wirtschaftlichen Rahmenbedingungen wird deutlich, inwieweit die beiden Mitgliedstaaten die europäischen Vorgaben umgesetzt haben und welche strukturellen Defizite in Deutschland bislang einer praxistauglichen Realisierung entgegenstehen.

[1] Vgl. Schiffer, Einführung in die Energiewirtschaft (2023), S. 365 ff.

[2] Vgl. IÖW, Energiegemeinschaften als Säule des klimaneutralen Energiesystems etablieren (2024), S. 5.

[3] Vgl. dena, Energy Sharing in Deutschland (2024), S. 53.

A. Herre, *Energiegemeinschaften im europäischen Energierecht*, Business, Economics, and Law, https://doi.org/10.1007/978-3-658-50998-9_3

3.1 Energiegemeinschaften als Steuerungsinstrument: Funktionen, Chancen und Herausforderungen

Energiegemeinschaften übernehmen im europäischen Energierecht eine neu geschaffene Rolle. Sie gelten als Instrument zur aktiven Bürgerintegration, sollen Marktstrukturen diversifizieren sowie netz- und systemdienliche Beiträge leisten. Im Folgenden werden ihre Funktionen, rechtliche Rahmenbedingungen sowie wirtschaftliche und institutionelle Potenziale und Herausforderungen im Lichte unionsrechtlicher Vorgaben systematisch analysiert.

3.1.1 Zielsetzung und rechtlicher Kontext

Energiegemeinschaften sind als strategisches Steuerungsinstrument im EU-Recht konzipiert. Ziel ist es, die Energiewende durch aktive Bürgerbeteiligung, Dezentralisierung und Digitalisierung zu beschleunigen. Sowohl die RED II als auch die EMD unterstreichen die Rolle von Energiegemeinschaften bei der Erzeugung, dem gemeinsamen Verbrauch und der netzdienlichen Integration erneuerbarer Energien.[4] Ihr Zweck geht über eine reine Energieproduktion hinaus: Sie sollen demokratische Teilhabe ermöglichen, Systemdienstleistungen bereitstellen und sozioökonomische Vorteile in den Regionen schaffen.[5]

In der Energieeffizienrichtlinie (EU/2023/1791) werden die REC und CEC ausdrücklich als Träger der Energiewende anerkannt und sollen dementsprechend unterstützt werden. Ihr Beitrag zur Erreichung der Ziele des EU Green Deals sowie zur Verwirklichung des Klimazielplans besteht insbesondere in der Förderung von Energieeffizienzmaßnahmen in der Region. Der europäische Gesetzgeber hebt hervor, dass eine angemessene staatliche Unterstützung dieser Gemeinschaften entscheidend für deren Wirksamkeit ist.[6]

---

[4] Vgl. Art. 22 Abs. 4 lit. c RED II; Art. 16 Abs. 1 lit. c EMD.

[5] Vgl. Art. 2 Nr. 16 lit. c RED II; Art. 2 Nr. 11 lit. b EMD.

[6] Vgl. Richtlinie (EU) 2023/1791 des Europäischen Parlaments und des Rates vom 13. September 2023 zur Energieeffizienz und zur Änderung der Verordnung (EU) 2023/955 (Neufassung), ABl. L 231 vom 20. September 2023, Erwägungsgrund (117).

3.1.2 Funktionen und Potenziale im europäischen Rahmen

Eine Funktion von Energiegemeinschaften ist das Öffnen des Energiemarkts für Haushalte, KMU und Kommunen, die freiwillig an einer Energiegemeinschaft teilnehmen wollen.[7] Es wird besonders die nichtdiskriminierende Teilnahme, auch für einkommensschwache Haushalte, betont.[8] So sollen die Gemeinschaften eine bürgerliche Teilhabe und Akteursvielfalt ermöglichen.[9] Durch verbrauchernahen erzeugten und genutzten Strom können zusätzlich Abhängigkeiten reduziert und die Versorgungssicherheit auf Nachbarschaftsebene gestärkt werden.[10] Gleichzeitig entstehen mithilfe gemeinschaftlicher Steuerung neue Formen bürgerschaftlicher Energieautonomie sowie eine widerstandsfähige demokratische und wirtschaftliche Selbstbestimmung.[11] Darüber hinaus können laut der Forschungsstelle für Energiewirtschaft (FfE) Energiegemeinschaften Lastspitzen reduzieren, Eigenverbrauch optimieren und Flexibilitätsdienste anbieten. Dadurch entsteht eine Entlastung für die Netzbetreiber, Netzausbaukosten können reduziert und die Netzstabilität gestärkt werden.[12]

3.1.3 Regulatorische Anforderungen an Energiegemeinschaften

Die RED II verpflichtet die Mitgliedstaaten, Haushalten, KMU und Kommunen, einen diskriminierungsfreien Zugang zu REC zu gewähren.[13] Diese müssen das Recht auf Erzeugung, Eigenverbrauch, Speicherung und Energy Sharing,[14] sowie Zugang zu allen relevanten Märkten und Aggregationsdiensten erhalten.[15] Zudem ist eine geographische Nähe zur Erzeugungsanlage verbindlich vorgesehen.[16] Des

[7] Vgl. Art. 2 Nr. 11 lit. a EMD; Art. 2 Nr. 16 lit. a RED II.

[8] Vgl. Art. 22 Abs. 2 lit. f RED II.

[9] Vgl. Art. 22 Abs. 2 RED II.

[10] Vgl. Engage, Soziale Innovationen und Beteiligung von Bürger:innen (2023), S. 2, 110.

[11] Vgl. Hamann, Digitale Plattformen für die Energiegemeinschaften der Zukunft (2023).

[12] Vgl. FfE, Energy Sharing (2023), S. 9.

[13] Vgl. Art. 22 Abs. 3 RED II.

[14] Vgl. Art. 22 Abs. 2 lit. b RED II.

[15] Vgl. Art. 22 Abs. 2 lit. c RED II.

[16] Vgl. Art.2 Nr. 16 lit. a RED II.

Weiteren soll durch die Richtlinie ein Förderrahmen entstehen,[17] der rechtliche Hürden reduziert, den Zugang zu Informationen sowie Finanzierungen eröffnet.[18] Zugleich sollen faire Netzentgelte sowie eine behördliche Unterstützung sicherstellt werden.[19]

Die EMD definiert ergänzend die Erfordernisse an eine CEC. Diese müssen demokratisch ausgestaltet und offen für eine vielfältige Mitgliedschaft sein.[20] Sie regelt ausdrücklich, dass auch größere gewerbliche Unternehmen sowie Energieunternehmen an der CEC partizipieren dürfen, solange diese keine mehrheitliche Entscheidungsbefugnis ausüben.[21] Sie sind ebenfalls berechtigt, am Energiemarkt sowie an Aggregationsdiensten teilzunehmen.[22] Dabei herrscht neben der offenen Mitgliedschaft auch die Zweckbindung an das Gemeinwohl.[23] Ihnen ist der diskriminierungsfreie Zugang zu Verteilnetzen sowie transparente Netzentgelte zu garantieren.[24] Eine geographische Beschränkung besteht für CEC nicht.[25]

Beide Richtlinien sehen vor, dass Mitgliedstaaten grenzüberschreitende Aktivitäten von Energiegemeinschaften zulassen können.[26] Ziel ist es, unionsweite Barrieren abzubauen und die Integration gemeinschaftlicher Energieprojekte zu fördern.[27]

3.1.4 Wirtschaftliche Vorteile und Tragfähigkeit von Energiegemeinschaften

Energiegemeinschaften eröffnen vielfältige wirtschaftliche Potenziale für die Teilnehmer und für das Energiesystem. Diese Potenziale sind nicht nur Voraussetzung

[17] Vgl. Art. 22 Abs. 7 RED II.

[18] Vgl. Art. 22 Abs. 4 lit. d, g RED II.

[19] Vgl. Art. 22 Abs. 4 lit. a RED II; Art. 22 Abs. 4 lit. c RED II.

[20] Vgl. Art. 2 Nr. 11 lit. b EMD.

[21] Vgl. Art. 2 Nr. 11 lit. a EMD.

[22] Vgl. Art. 2 Nr. 11 lit. c EMD; Vgl. Abschnitt 2.4.

[23] Vgl. Art. 16 Abs. 4 lit. c EMD.

[24] Vgl. Art. 16 Abs. 1 lit. e EMD.

[25] Vgl. Art. 2 Nr. 11 EMD.

[26] Vgl. Art. 22 Abs. 6 RED II, Art. 16 Abs. 2 lit. a EMD.

[27] Vgl. Gaugitsch/Schuh, Betriebs- und Vertriebsformate – Erneuerbare Energieanlagen (2023), S. 6.

für die praktische Umsetzbarkeit,[28] sondern wirken auch als Beschleuniger der dezentralen Energiewende.[29]

Durch den Bezug von lokal erzeugten grünen Strom, können Endkunden Preisbestandteile wie Netzentgelte, Umlagen oder Konzessionsabgaben teilweise vermeiden – sofern diese gesetzlich ausgenommen sind. Dies steigert die Attraktivität im Vergleich zum konventionellen Strombezug.[30] Investitionen in Erzeugungsanlagen, Speicher und IT-Infrastruktur tragen zur Stärkung der regionalen Wertschöpfung bei. Auch Wertschöpfungsketten, etwa durch Handwerksbetriebe, Wartungsfirmen oder ortsansässige Finanzdienstleister, profitieren davon. Dies kann zudem von erheblicher kommunalpolitischer Bedeutung sein.

Überdies eröffnet der Zugang zu Fördermitteln und alternativen Finanzierungsformen Energiegemeinschaften vielfältige Finanzierungsoptionen. Dazu zählen Mitgliedseinlagen, Bürgerdarlehen, kommunale Beteiligung[31] oder EU-Fördermittel.[32] Voraussetzung ist allerdings ein förderfreundlicher Rechtsrahmen, der gezielt auf die Struktur von Energiegemeinschaften eingeht.[33] Darüber hinaus erweitern Geschäftsmodelle, wie P2P-Handel oder Energy Sharing die Möglichkeiten für die gemeinschaftliche Nutzung und Vermarktung von Energie. Sie schaffen neue Interaktionsformen zwischen Erzeugern und Verbrauchern und reduzieren die Abhängigkeit von zentralisierten Versorgungsstrukturen. Durch die Einbindung von Aggregatoren, die verbrauchernahe Erzeugungs- und Verbrauchseinheiten zu virtuellen Kraftwerken bündeln, können und sollen Energiegemeinschaften auch systemstabilisierende Leistungen erbringen und aktiv am Strommarkt teilnehmen.[34]

Zusätzlich senkt die gemeinschaftliche Struktur individuelle Investitionsrisiken, etwa durch solidarisch organisierte Rücklagen, technische Redundanzen und demokratisch legitimierte Entscheidungsprozesse. Dies erleichtert besonders einkommensschwachen Haushalten die Teilnahme und erhöht die wirtschaftliche Resilienz.[35]

---

[28] Vgl. Art. 22 Nr. 4 lit. g RED II.

[29] Vgl. dena, Energy Communities (2022), S. 13.

[30] Vgl. FfE, Energy Sharing (2023), S. 38.

[31] Vgl. Engage, Soziale Innovationen und Beteiligung von Bürger:innen (2023), S. 10, 53, 107, 126 ff.

[32] Vgl. BMWE, Förderung im Rahmen von EU-LIFE (2025).

[33] Vgl. Art. 22 Abs. 7 RED II.

[34] Vgl. dena, Energy Communities (2022), S. 6 f.

[35] Vgl. Art. 22 Abs. 4 lit. f RED II.

3.1.5 Institutionelle und wirtschaftliche Herausforderungen

In vielen EU-Staaten herrscht bislang nur ein fragmentierter Rechtsrahmen, über eingeschränkte und oft unklare Regelungen.[36] Das behindert Gründungsinitiativen und erzeugt Rechtsunsicherheit.[37] Zusätzlich gibt es laut der dena-Analyse hohe Anforderungen bei der Gründung, Abrechnung, dem Netzzugang und dem Datenaustausch, was besonders kleinere Initiativen vor erhebliche Hürden stellt.[38] Ungeachtet des bestehenden Angebots fehlt es kleinen und neuen potenziellen Energiegemeinschaften aufgrund der hohen bürokratischen Hürden am Zugang zu Kapital und geeigneten Förderprogrammen.[39] Diese Hindernisse zeigen, dass es nicht allein auf die formale Anerkennung von Energiegemeinschaften ankommt, sondern auf deren konkrete Ermöglichung.[40] Daher fordert die RED II eine Bewertung der bestehenden Hindernisse und das Entwicklungspotenzial in dem jeweiligen Hoheitsgebiet.[41]

3.1.6 Strategischer Nutzen im Energiesystem

Ein wesentliches Potenzial von Energiegemeinschaften liegt darin, Effizienz und Resilienz der Netze zu erhöhen. Durch verbrauchernahe Erzeugung wird weniger Strom über weite Distanzen transportiert, was Engpässe reduziert und die Versorgungssicherheit erhöht. Auf diese Weise leisten Energiegemeinschaften einen Beitrag zur Entlastung der Verteilnetze sowie zur effizienten Nutzung der vorhandenen Netzkapazitäten.[42]

Aktuelle Studien zeigen, dass durch den vor Ort erzeugten und direkt genutzten Strom nicht nur der Investitionsbedarf im Netzgebiet gesenkt wird, sondern auch Systemdienstleistungen bereitgestellt werden können.[43] Die Voraussetzung dafür ist jedoch eine Digitalisierung der Energiegemeinschaft, etwa durch den Einsatz iMS und Plattformtechnologien, wie sie von der EU ausdrücklich

---

[36] Vgl. dena, Energy Sharing (2024), S. 10.
[37] Vgl. dena, Energy Communities (2022), S. 74.
[38] Vgl. dena, Energy Communities (2002), S. 13.
[39] Vgl. Art. 22 Abs. 4 lit. g, h RED II.
[40] Vgl. Art. 15a Abs. 3 RED III.
[41] Vgl. Art. 22 Abs. 3 RED II.
[42] Vgl. Agora, Energiewende und Dezentralität (2017), S. 48.
[43] Vgl. Agora, Optimierung der Stromnetze (2017), S. 10 ff.

befürwortet werden.[44] Zur Netzstabilität können diese Gemeinschaften beitragen, indem sie über eine ortsnahe Steuerung via iMS und Smart Contracts die Reaktionsfähigkeit des Stromsystems auf volatile Einspeisung verbessern können.[45]

Die strategische Relevanz dieses Ansatzes verdeutlicht eine europaweite Erhebung des Energy Communities Repository, die die Wirkung von 107 Energiegemeinschaften in allen EU-Mitgliedstaaten erfasst hat. Demnach verfügen diese Projekte zusammen über eine installierte Leistung von 12.022 MW und einen Gesamtinvestitionswert von über 34.3 Mio. Euro. Zugleich tragen sie zur Einsparung von rund 3.5 Mio. Tonnen CO_2 bei und erhöhen damit nicht nur die Energieautonomie, sondern auch den Klimanutzen der europäischen Stromversorgung.[46]

3.2 Umsetzung der europarechtlichen Vorgaben in Österreich: Rechtsrahmen, Modelle und Förderstrukturen

Die Republik Österreich zählt im Bereich der gemeinschaftlichen Energieversorgung zu einem der Vorreiter unter den EU-Mitgliedstaaten. Bereits kurz nach Inkrafttreten der RED II und der EMD wurden konstitutive Regelungsinhalte in das landesweite Recht überführt.

Die Implementierung der europäischen Vorgaben zur Förderung von Energiegemeinschaften in Österreich erfolgte im Rahmen des Erneuerbaren-Ausbau-Gesetzespaket (EAG-Paket), welches im Juli 2021 in Kraft trat. Dieses Paket besteht aus dem Erneuerbaren-Ausbau-Gesetz (EAG) und weiteren Gesetzesänderungen, wie dem Elektrizitätswirtschafts- und Organisationsgesetz 2010 (ElWOG) sowie begleitenden Novellen zu anderen energierechtlichen Vorschriften.[47] Kombiniert mit dem Ziel, bis 2030 den gesamten Stromverbrauch bilanziell aus erneuerbaren Energieträgern zu decken. Darüber hinaus wird für das Jahr 2040 die Erreichung der Klimaneutralität angestrebt, wodurch das Netto-Null-Ziel der EU um zehn Jahre vorzeitig erfüllt, werden soll.[48]

---

[44] Vgl. dena, Energy Communities (2022), S. 6.

[45] Vgl. dena, Energy Communities (2022), S. 26 ff.

[46] Vgl. Europäische Kommission, Energy Communities Repository products.

[47] Vgl. Bundeskanzleramt Österreich, EAG-Paket, Nr. BGBl. I Nr. 150/2021 (2021).

[48] Vgl. Europäische Kommission, Der Grüne Deal in Österreich.

3.2.1 Gemeinschaftliche Erzeugungsanlagen als Vorläufermodell

Bereits vor der innerstaatlichen Implementierung der RED II wurde in Österreich mit der gemeinschaftlichen Erzeugungsanlagen (GEA) nach § 16a ElWOG ein erstes Modell zur gemeinsamen Nutzung lokal erzeugter Energie geschaffen. Die GEA erlaubt es Parteien desselben Gebäudes (z. B. in Mehrparteienhäusern) gemeinschaftlich erzeugten PV-Strom direkt über interne Leitungen zu nutzen. Mangels Inanspruchnahme des öffentlichen Netzes bestehen weder Verpflichtungen zur Entrichtung von etwaigen Abgaben noch zur Zahlung von Netzentgelten. Die GEA repräsentiert die grundlegendste und früheste Ausprägung gemeinschaftlicher Energieversorgung. Als Vorläufer der späteren Energiegemeinschaften, zeichnet sie sich dadurch aus, dass sie die Idee der gemeinschaftlichen Nutzung aufgreift, jedoch keine eigenständige Marktteilnahme oder netzübergreifende Struktur vorsieht.[49]

3.2.2 Modellbeschreibung und Funktionsweise von Erneuerbaren-Energiegemeinschaften

Nachfolgend wird das österreichische Modell der Erneuerbare-Energiegemeinschaften (EEG) erläutert, einschließlich seiner rechtlichen Grundlagen, strukturellen Ausgestaltung und praktischen Funktionsweise.

Die österreichische EEG i. S. d. § 16c ElWOG i. V. m. § 79 EAG setzt die unionsrechtliche Definition der REC gemäß Art. 2 Nr. 16 RED II vollständig in nationales Recht um. Sie erfüllt die geforderten Kriterien, indem sie einen rechtlich organisierten Zusammenschluss von natürlichen Personen, Gemeinden, KMU oder juristischen Personen des öffentlichen Rechts ermöglicht. EEGs erzeugen, speichern, verbrauchen und verkaufen erneuerbare Energie gemeinschaftlich, dürfen als Aggregatoren auftreten und weitere energiewirtschaftliche Dienstleistungen anbieten.[50] Eine Kontrolle der teilnehmenden Anlagen durch klassische EVU ist dabei ausgeschlossen.[51] Die gewählte Rechtsform kann in Form eines Vereins, einer Genossenschaft oder Kapitalgesellschaft erfolgen und

---

[49] Vgl. Cejka/Kitzmüller, Rechtsfragen zur Gründung und Umsetzung von EG (2021), S. 1.

[50] Vgl. § 79 Abs. 1 EAG.

[51] Vgl. Cejka/Kitzmüller, Rechtsfragen zur Gründung und Umsetzung von EG (2021), S. 4 ff.

dient als Organisationsstruktur für die demokratischen Mitwirkung aller Beteiligten. Der Hauptzweck ist nicht auf finanzielle Gewinne ausgerichtet.[52] Die EEG ist räumlich an einheitliche, durch den Netzbetreiber definierte Netzinfrastrukturen gebunden.

Hierbei findet eine Unterscheidung zwischen lokalen EEGs statt: die im Niederspannungsnetz (Netzebene 6–7) betrieben werden, und regionalen EEGs, welche die Mittelspannung (Netzebene 4–5) nutzen. Die installierbare Erzeugungsleistung ist bei EEGs grundsätzlich nicht begrenzt. Einschränkungen ergeben sich durch die technischen Vorgaben des zuständigen Netzbetreibers, bedingt durch die einschlägige Netzebene und vorhandene Netzkapazitäten. Die Zuweisung der erzeugten Energie erfolgt viertelstundengenau, entweder statisch oder dynamisch, basierend auf iMS-Daten.

Finanzielle Anreize bestehen für Teilnehmende in Form reduzierter Netzgebühren, der Befreiung von der Elektrizitätsabgabe und dem Wegfall des österreichischen Erneuerbaren-Förderbeitrags. Bei rein lokaler Nutzung im Niederspannungsnetz sind bis zu 28 % Einsparung der Netzentgelte möglich, bei regionaler Nutzung sogar bis zu 64 %. Die konkrete Höhe der Reduktion hängt von der jeweiligen Entfernung zwischen Erzeugung und Verbrauch sowie von der Netzbelastung ab.[53] Die Finanzierung kann ähnlich wie bei der GEA durch Eigentümer, Teilnehmende oder Investoren erfolgen.[54] Geplante EEGs profitieren beim Aufbau und bestehende bei der Umsetzung innovativer Projekte von gezielten Förderprogrammen auf europäischer Ebene. Ziel etwaiger Förderprogramme ist es, Entwicklungsstrategien voranzubringen und langfristig die Versorgungssicherheit und Stabilität der Gemeinschaften zu sichern.[55]

3.2.3 Modellbeschreibung und Funktionsweise von Bürgerenergiegemeinschaften

Im Folgenden wird das Modell der österreichischen Bürgerenergiegemeinschaft (BEG) vorgestellt. Dabei werden sowohl die rechtlichen Grundlagen als auch deren Modellierung und Funktionsweise erläutert.

Die BEG ist eine eigenständige Rechtsform nach § 16b ElWOG und geht auf die Definition der CEC aus Art. 2 Nr. 11 und Art. 16 EMD zurück. Im

[52] Vgl. § 79 Abs. 2 EAG.

[53] Vgl. Österreichische Koordinationsstelle, EEG (2025).

[54] Vgl. Österreichische Koordinationsstelle, EEG (2025).

[55] Vgl. Österreichische Koordinationsstelle, EU-Fördercall (2025).

Unterschied zur österreichischen EEG ist sie nicht auf erneuerbare Energien beschränkt und kann sich über mehrere Netzgebiete hinweg erstrecken. Damit werden größere, überregionale Projekte auch mit Beteiligung mehrerer Gemeinden und Landkreise ermöglicht. BEGs sind berechtigt, elektrische Energie zu erzeugen, zu speichern, zu verbrauchen oder zu verkaufen. Sie können zudem als Aggregatoren oder Energiedienstleister auftreten.

Technisch nutzen sie dabei das öffentliche Netz, wobei reguläre Netzentgelte anfallen.[56] Teilnehmen dürfen natürliche Personen, Kommunen, gemeinnützige Organisationen sowie KMU. Gleichwohl dürfen weder Energieversorgungsunternehmen noch größere KMU die Kontrolle über die Gemeinschaft ausüben.[57] Die Organisation erfolgt in einer geeigneten Rechtsform mit demokratischer Entscheidungsstruktur, oft als Verein oder Genossenschaft. Im Vordergrund stehen die Gemeinwohlorientierung und die regionale Wertschöpfung. Durch die geografische Flexibilität können größere Erzeugungskapazitäten realisiert und regionale Wirtschaftsstrukturen gestärkt werden. Obgleich bei einer BEG die finanziellen Anreize im engeren Sinne fehlen, profitieren BEGs von Skaleneffekte und der Möglichkeit, Strom gemeinschaftlich und unabhängig von klassischen Energieversorgern zu nutzen.[58] Somit ergänzt Österreich die EU-Mindestangaben durch ihre klaren nationalen Regelungen zu Rechtsform, Teilnahmerechten und institutioneller Unterstützung, was den Marktzugang erleichtert.

3.2.4 Institutionelle Unterstützung zur Stärkung von Energiegemeinschaften

Die bundesweite Koordinationsstelle für Energiegemeinschaften wurde vom Klima- und Energiefond eingerichtet und dient zur Unterstützung von Gründung, Betrieb und Weiterentwicklung.[59] Sie fungiert als Schnittstelle zwischen Bund, Ländern, Forschung, Interessenten und Stakeholdern. Darüber hinaus stellt sie eine Vielzahl praxisorientierter Unterlagen, wie Musterverträge, informative Videos, Schulungen, Standortanalysen sowie ein Online-Planungssystem mit digitalen Karten zur Verfügung.[60] Die breit aufgestellte Anlaufstelle entspricht mithin unmittelbar den Vorgaben der RED II, der die Mitgliedstaaten zur Bereitstellung

---

[56] Vgl. Österreichische Koordinationsstelle, BEG (2025).

[57] Vgl. § 16b Abs. 3 ElWOG.

[58] Vgl. Österreichische Koordinationsstelle, BEG (2025); Art. 16b Abs. 2 ElWOG.

[59] Vgl. Österreichische Koordinationsstelle, Wer wir sind (2025).

[60] Vgl. Volksbank Wien, So geht Nachhaltigkeit für KMU (2022), S. 13.

geeigneter institutioneller Unterstützung verpflichtet.[61] Die hohe Gründungsdynamik verdeutlicht die Attraktivität des Modells: Innerhalb von ca. drei Jahren erhöhte sich die Zahl der EEGs von 50 auf 3.180 und die der BEGs bis auf 570 (Abbildung 3.1).[62]

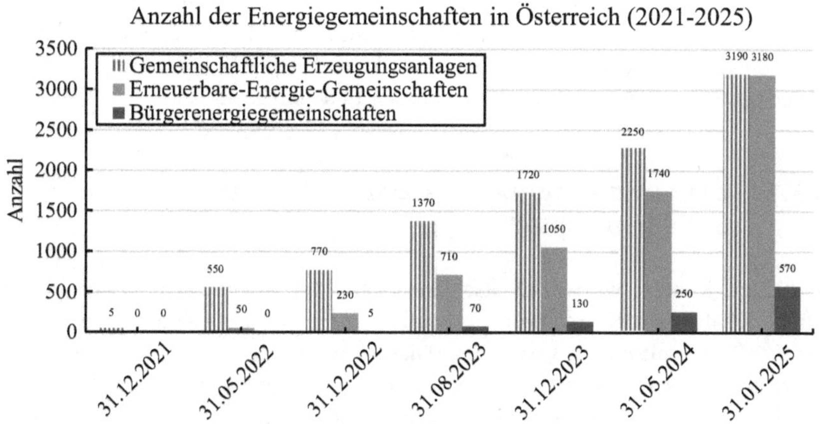

Abbildung 3.1 Entwicklung der Anzahl der Energiegemeinschaften in Österreich[63]

Ein Erfolgsfaktor dieser Entwicklung liegt in der engen Verzahnung von Praxis, Politik und Wirtschaft. Institutionelle Akteure wie die Volksbank Wien AG, der Österreichische Genossenschaftsverband (ÖGV) sowie ihr Technologiepartner Power Solution bieten eine umfassende Unterstützung an. Diese reichen von Finanzierungslösungen über juristische und wirtschaftliche Beratung bis hin zu technischer Implementierung (z. B. PV, Speicher, Ladeinfrastruktur).

Besonders gefördert wird die Genossenschaftsform, da sie eine kostengünstige, haftungsbegrenzte und demokratisch strukturierte Organisationsform ohne Mindestkapitalanforderung bietet.[64]

Die österreichische Verwirklichung zeigt, wie unionsrechtliche Vorgaben in ein funktionales und differenziertes Modell überführt werden können. Anschließend wird untersucht, inwieweit Deutschland vergleichbare Strukturen etabliert hat und welche Unterschiede sich daraus für die Entwicklung eines Zielmodells ergeben.

---

[61] Vgl. Art. 22 Abs. 4 lit. h RED II.

[62] Vgl. Heidler/Lueger, Energiegemeinschaften in Österreich (2025).

[63] Eigene Darstellung in Anlehnung an: Heidler/Lueger, Energiegemeinschaften in Österreich (2025).

[64] Vgl. Volksbank Wien, So geht Nachhaltigkeit für KMU (2022), S. 14

3.3 Umsetzung der europarechtlichen Vorgaben in Deutschland: Rechtslage, Praxisansätze und Förderpolitik

Die Bundesrepublik Deutschland verfolgt im Rahmen ihrer Klimaschutzstrategie das Ziel, bis zum Jahr 2045 Treibhausgasneutralität[65] zu erreichen.[66] Ein Zwischenziel ist ein nahezu emissionsfreier Stromsektor bis 2035. Für die Umsetzung dieser Transformation gewinnt die aktive Einbindung der Bürger, durch kooperative Energievorhaben, zunehmend an Bedeutung.[67]

3.3.1 Deutsche Bürgerenergiegesellschaft als Beteiligungsmodell

In diesem Kontext wird in Deutschland neben den allgemeinen Begriffen der gemeinschaftlichen Energieprojekte häufig der Begriff der Bürgerenergiegesellschaft (BE-Gesellschaft) verwendet. Dieser ist in § 3 Nr. 15 Erneuerbaren-Energien-Gesetz (EEG) definiert und bezieht sich vorrangig auf Gesellschaften, die sich an der Erzeugung erneuerbarer Energien beteiligen. Ziel der Regelung ist eine breite, lokal verankerte Bürgerbeteiligung: Mindestens 50 stimmberechtigte natürliche Personen müssen beteiligt sein, davon 75 % mit Wohnsitz im Umkreis von 50 km zur Anlage. Weitere Stimmrechte dürfen nur Kleinstunternehmen, KMU oder kommunale Gebietskörperschaften halten.[68]

Charakteristisch sind hier breite Bürgerbeteiligungen, in denen natürliche Personen, KMU und Kommunen als Gesellschafter auftreten. Die deutsche BE-Gesellschaft dient überwiegend dazu, bei Ausschreibungen förderfähige Projekte durch privilegierte Beteiligung zu unterstützen. Sie erfüllt weder die Zielvorgaben an eine gemeinschaftliche Energieversorgung noch an eine eigenständige Marktrolle.[69]

---

[65] Das Gleichgewicht zwischen den anthropogenen Emissionen von Treibhausgasen aus Quellen und dem Abbau solcher Gase durch Senken; Vgl. § 2 Nr. 9 KSG.

[66] Vgl. § 3 Abs. 2 KSG.

[67] Vgl. Deutscher Bundestag, Gesetzentwurf der Bundesregierung: Drucksache 20/8657 (2023), S. 1.

[68] Vgl. § 3 Nr. 15 EEG.

[69] Vgl. Deutscher Bundestag, Wissenschaftliche Dienste: Energy Sharing (2024), S. 6; Art. 2 Nr. 11 EMD.

3.3.2 Modellbeschreibung und Funktionsweise des Mieterstrommodells

Das Mieterstrommodell ist ein seit Jahren etabliertes Instrument zur dezentralen Stromversorgung und liegt in verschiedenen Varianten vor.

Im Grundmodell wird Strom aus PV-Anlagen, Blockheizkraftwerken[70] oder vergleichbaren Erzeugungsanlagen direkt am Gebäude erzeugt (Abbildung 3.2). Vorrangig wird dieser an die Bewohner der Kundenanlage geliefert und innerhalb des Gebäudes oder in unmittelbar angrenzenden Gebäuden verbraucht, ohne das öffentliche Netz zu nutzen. Die rechtliche Grundlage schafft das EEG.[71]

Überschüssige Mengen werden als Überschusseinspeisung ins Netz eingespeist und gemäß den gesetzlichen Vorgaben an den Anlagenbetreiber ausgezahlt.[72] Für den innerhalb der Kundenanlage erzeugten und verbrauchten Strom fallen keine Netzentgelte, Umlagen oder Abgaben an, was einen wesentlichen Teil der Wirtschaftlichkeit ausmacht.[73]

Das geförderte EEG-Mieterstrommodell untergliedert sich in zwei Förderbausteine:

1. Mieterstromzuschlag nach § 48a EEG, der ergänzend zum Marktwert für die gelieferten Mieterstrommengen gezahlt wird (derzeit 1.60–2.56 ct/kWh[74], abhängig von der Anlagengröße, mit stufenweiser Degression nach § 49 EEG)[75], und
2. Einspeisevergütung oder Marktprämie für die ins Netz eingespeisten Überschussmengen.[76]

---

[70] Vgl. BMWE, Eckpunktepapier Mieterstrom (2017), S. 1.

[71] Vgl. § 19 Abs. 1 Nr. 3, § 21 Abs. 3, § 48a EEG.

[72] Vgl. BNetzA, EEG-Förderung und -Fördersätze (2025).

[73] Vgl. BMWE, Eckpunktepapier Mieterstrom (2017), S. 1.

[74] Vgl. BNetzA, EEG-Förderung und -Fördersätze (2025).

[75] Vgl. § 42a EnWG i. V. m. § 21 Abs. 3 EEG.

[76] Vgl. BNetzA, Solaranlagen auf Mehrparteiengebäude (2025).

Mit dem Solarpaket I[77] wurde der Anwendungsbereich des Modells deutlich erweitert. Er umfasst ebenfalls Quartiere und Gewerbeimmobilien. Eine weitere Erleichterung stellt die neue Duldungspflicht nach § 11a EEG dar, wonach Netzanschlussleitungen für PV- und andere EE-Anlagen ohne Zustimmung auf Grundstücken der öffentlichen Hand verlegt werden dürfen. Dies schafft neues Potenzial zur PV-Nutzung auf öffentlichen Dächern und Brachflächen. Die Mieterstromerzeugung deckt den gesamten Strombedarf der Abnehmer in der Regel nicht vollständig, weshalb eine Vollversorgungspflicht besteht, die den Anlagenbetreiber verpflichtet, den gesamten Strombedarf abzusichern.[78] Technisch erfordert dies präzise Messkonzepte, häufig unter Einsatz iMS und virtueller Summenzähler.[79]

Trotz der verbesserten Rahmenbedingungen bestehen weiterhin wirtschaftliche und regulatorische Hürden: Betreiber gelten oft als Energieversorgungsunternehmen und unterliegen den Pflichten des EnWG, etwa zu Vertragstransparenz, Abrechnung und Versorgungssicherheit.[80] Zur Nutzung und Anwendung des Mieterstrommodells schreibt § 42a EnWG verbindliche Mindestinhalte vor. Darunter Regelungen zur Vertragslaufzeit, Kündigungsfristen sowie Preisbestandteile.[81] Gleichwohl existiert kein von der Bundesnetzagentur oder den Verbänden einheitlicher Mustervertrag, dessen Verfügbarkeit die rechtssichere Vertragsgestaltung für die teilnehmenden Akteure wesentlich erleichtern würde.

---

[77] Vgl. Gesetz zur Änderung des EEG und weiterer energiewirtschaftsrechtlicher Vorschriften zur Steigerung des Ausbaus photovoltaischer Energieerzeugung, BGBl. I 2024 Nr. 151 (2024).

[78] Vgl. § 42a Abs. 2 S. 6 EnWG.

[79] Vgl. BDEW, Stellungnahme zum Gesetz zur Förderung von Mieterstrom (2017), S. 13.

[80] Vgl. Prognos AG/Fraunhofer IWES/ifeu, Schlussbericht Mieterstrom (2017), S. 26 ff.

[81] Vgl. BeckOK EnWG/Schnurre, 15. Ed. 1.6.2025, § 42a EnWG Rn. 26–32.

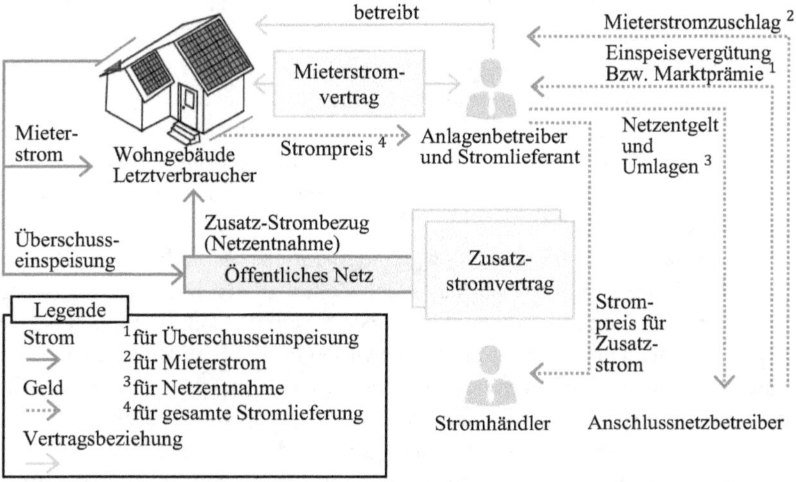

Abbildung 3.2 Darstellung Grundmodell Mieterstrom aus Deutschland[82]

3.3.3 Modellbeschreibung und Funktionsweise der gemeinschaftlichen Gebäudeversorgung

Ein weiteres Konzept stellt die gemeinschaftliche Gebäudeversorgung i. S. d. § 42b EnWG dar. Sie dient der Eigenversorgung mit elektrischer Energie, das für Mehrfamilienhäuser konzipiert ist. Die Ausgestaltung ist dabei in den wesentlichen Zügen an das Mieterstrommodell angelehnt. Die Stromübertragung soll währenddessen wesentlich unbürokratischer umgesetzt werden.[83] Der erzeugte Strom wird direkt an die Bewohner oder Eigentümer im selben Gebäude geliefert. Die vertragliche Grundlage ist dabei ein Gebäudestromnutzungsvertrag zwischen Anlagenbetreiber und Nutzer. Dieses Modell kann bereits mit einer teilnehmenden Person umgesetzt werden.[84]

---

[82] BNetzA, Solaranlagen auf Mehrparteiengebäude (2025).

[83] Vgl. Deutscher Bundestag, Gesetzentwurf der Bundesregierung: Drucksache 20/8657 (2023), S. 78.

[84] Vgl. Deutscher Bundestag, Gesetzentwurf der Bundesregierung: Drucksache 20/8657 (2023), S. 26.

Von zentraler Bedeutung ist der Aufteilungsschlüssel, da er die Zuweisung der erzeugten PV-Strommenge auf die einzelnen Teilnehmer regelt. Im Wesentlichen wird zwischen zwei Schlüsseln unterschieden: Beim statischen Aufteilungsschlüssel wird der von der PV-Anlage innerhalb eines 15-Minuten-Zeitraums erzeugte Strom in festen, unveränderlichen Anteilen auf die Teilnehmenden verteilt (beispielsweise jeweils 50 % bei zwei Beteiligten). Wird der zugewiesene Anteil von einem Teilnehmer nicht vollständig genutzt, gelangt der überschüssige Strom ins öffentliche Netz.

Im Gegensatz dazu orientiert sich der dynamische Aufteilungsschlüssel am tatsächlichen Verbrauch innerhalb desselben Zeitintervalls: Die erzeugte Energie wird proportional zum jeweiligen Strombedarf verteilt, sodass Teilnehmer mit höherem Verbrauch auch mehr Strom zugewiesen bekommen. Diese flexible Verteilung steigert den Eigenverbrauch der Gemeinschaft insgesamt, was besonders dann von Vorteil ist, wenn Verbraucher wie Wärmepumpen oder Elektrofahrzeuge zeitlich versetzt zum regulären Haushaltsstromverbrauch eingesetzt werden.[85] Voraussetzung ist ein iMS, das den Stromverbrauch viertelstundengenau erfasst und mit den Marktteilnehmern kommuniziert.[86]

Im Vergleich zum Mieterstrommodell unterscheidet sich das Konzept primär hinsichtlich des Ausmaßes regulatorischer Erleichterungen. Es besteht keine Vollversorgungspflicht, d. h. der Anlagenbetreiber muss nicht für den gesamten Strombedarf der Nutzer aufkommen. Der Anreiz liegt somit nicht in einem finanziellen Zuschlag, sondern in der erheblichen Vereinfachung administrativer Erfordernisse. Die gemeinschaftliche Gebäudeversorgung bietet damit einen niedrigschwelligen Einstieg in gemeinschaftliche Energieprojekte.

3.3.4 Geplante Regelung zum Energy Sharing

Im Unterschied zu den bisher beschriebenen Modellen des Mieterstroms und der gemeinschaftlichen Gebäudeversorgung, bei denen der Energieaustausch ausschließlich hinter einem gemeinsamen Netzanschlusspunkt erfolgt,[87] setzt das geplante Konzept des Energy Sharings auf eine gemeinsame Nutzung von Strom

---

[85] Vgl. BMWE, FAQs zum Solarpaket I (2025).

[86] Vgl. Deutscher Bundestag, Gesetzentwurf der Bundesregierung: Drucksache 20/8657 (2023), S. 29; BDEW, Stellungnahme zum Gesetzentwurf zum „Solarpaket I" (2023), S. 43.

[87] Vgl. Dagott, Die Volks- und Raiffeisensparkasse eG (2024), S. 145.

über Grundstücksgrenzen hinweg. Dies entspricht der unionsrechtlichen Vorstellung eines dezentralen, netzgestützten Stromtransfers innerhalb von Energiegemeinschaften, wie er insbesondere in Art. 15a EMD II konkretisiert wird.[88] Das EnWG bildet dabei den rechtlichen Rahmen für Energy Sharing. Die konkrete Ausgestaltung, zu Anforderungen an Messkonzepte, Abrechnungsmodalitäten, Datenkommunikation sowie die Höhe möglicher Netzentgeltreduktionen, soll durch Festlegungen und Rechtsverordnungen unter maßgeblicher Zuständigkeit der Bundesnetzagentur erfolgen.[89]

Der erste Referentenentwurf der damaligen Ampelkoalition zur Einführung von gemeinsamer Nutzung elektrischer Energie aus Anlagen zur Erzeugung von Elektrizität aus erneuerbaren Energien wurde bereits im August 2024 in der Ausgestaltung des § 42c EnWG-E veröffentlicht.[90] Ziel ist es, die gesetzlichen Grundlagen für Energiegemeinschaften im Sinne der EU-Richtlinien bis spätestens 2026 zu schaffen.[91] Dieses Anliegen wurde auch von der aktuellen Koalition im Juli 2025 erneut aufgegriffen. Der Entwurf sieht vor, dass Betreiber gemeinschaftlich genutzter Energieanlagen künftig nicht zur Vollversorgung der beteiligten Letztverbraucher verpflichtet sind. Der verbleibende Strombedarf kann individuell durch frei gewählte Energieversorger gedeckt werden. Während für geteilte Energiemengen gewisse Lieferantenpflichten bestehen, dürfen diese auf externe Dienstleister übertragen werden.[92] Im Vergleich zur gemeinschaftlichen Gebäudeversorgung, bei der der Betreiber weitestgehend von Lieferantenpflichten befreit ist, stellt der Entwurf einen Mittelweg dar: administrative Entlastung ohne vollständigen Pflichtenentzug.[93] Dennoch nutzt der Entwurf weder den europarechtlich eingeräumten Spielraum für Privilegierungen und Anreize, noch wird das Energy Sharing in bestehende Förder- und Marktsysteme integriert.[94] Damit stellt die Norm lediglich eine Mindestumsetzung der Unionsvorgaben dar.

Zwar bekräftigt der Koalitionsvertrag der Bundesregierung 2025 das Ziel, Energy Sharing als neue Beteiligungsform im Energiemarkt zu etablieren, bleibt aber in seiner konkreten Struktur jedoch ungenau. Zwar wird die Prüfung

[88] Vgl. FfE, Energy Sharing (2023), S. 7; dena, Energy Sharing in Deutschland (2024), S. 13.

[89] Vgl. BMWE, Referentenentwurf (2025), S. 170 ff.

[90] Vgl. BMWE, Referentenentwurf (2024).

[91] Vgl. FfE, Energy Sharing (2023), S. 14.

[92] Vgl. BMWE, Referentenentwurf (2025), S. 44.

[93] Vgl. dena, Energy Sharing in Deutschland (2024), S. 7.

[94] Vgl. Deutscher Bundestag, Wissenschaftliche Dienste: Energy Sharing (2024) S. 13; dena, Energy Sharing in Deutschland (2024), S. 8.

von Erleichterungen, wie Netzentgelten oder steuerlichen Erleichterungen, in Erwägung gezogen, konkrete Umsetzungsschritte oder Zeitpläne fehlen jedoch bislang.[95]

3.3.5 Förderpolitik und institutionelle Rahmenbedingungen

Die erfolgreiche Etablierung von Energiegemeinschaften erfordert neben einem geeigneten Rechtsrahmen auch institutionelle Unterstützungs- und Förderstrukturen, wie sie von der EU eingefordert werden.[96] In Deutschland gibt es bislang jedoch keine zentrale Koordinationsstelle. Die Unterstützungsstrukturen verteilen sich stattdessen auf verschiedene Akteure auf Bundes-, Landes- und kommunaler Ebene. Die dena stellt Informations- und Beratungsangebote, wie Leitfäden, Studien und Praxisberichte zur Implementierung gemeinschaftlicher Energieprojekte zur Verfügung.[97] Ergänzend bieten die Landesenergieagenturen einzelner Bundesländer eigene Beratungsleistungen und Veranstaltungen an, deren Umfang und Organisation regional variiert.[98]

Finanziell stehen Energiegemeinschaften in Deutschland verschiedene Förderprogramme offen. Dazu gehören KfW-Darlehen für erneuerbare Energien, Speicher und Quartiersentwicklung.[99] Ferner gibt es kommunale Förderungen, etwa für Planung, Bau oder PV-Anlagen.[100] Darüber hinaus bietet die BNetzA Unterstützung bei regulatorischen Fragestellungen, zum Netzanschluss, Netzentgelten und Einspeisemanagement.[101]

Nach Angaben des Deutschen Genossenschafts- und Raiffeisenverbands (DGRV) bestanden 2023 bundesweit rund 1.038 Energiegenossenschaften (Abbildung 3.3). Diese haben rund 220.000 Mitglieder, die gemeinsam über 3.36 Milliarden Euro in erneuerbare Energieprogramme investiert haben (Stand 2024).[102]

---

[95] Vgl. Teichgräber, Die Zukunft von Energy Sharing in Deutschland (2025).

[96] Vgl. Art. 22 Abs. 4 lit. h RED II.

[97] Vgl. dena, Alle Publikationen (2025).

[98] Vgl. Engage, Soziale Innovationen und Beteiligung von Bürger:innen (2024), S. 36.

[99] Vgl. Kfw, Erneuerbare Energien-Standard (2025).

[100] Vgl. Engage, Soziale Innovation und Beteiligung von Bürger:innen (2024) S. 10; Gieße, Förderung von PV: Kredite, Zuschüsse und Einspeisevergütung (2025).

[101] Vgl. BnetzA, Diskussionspapier (2025)

[102] Vgl. DGRV, Energiegenossenschaften (2024).

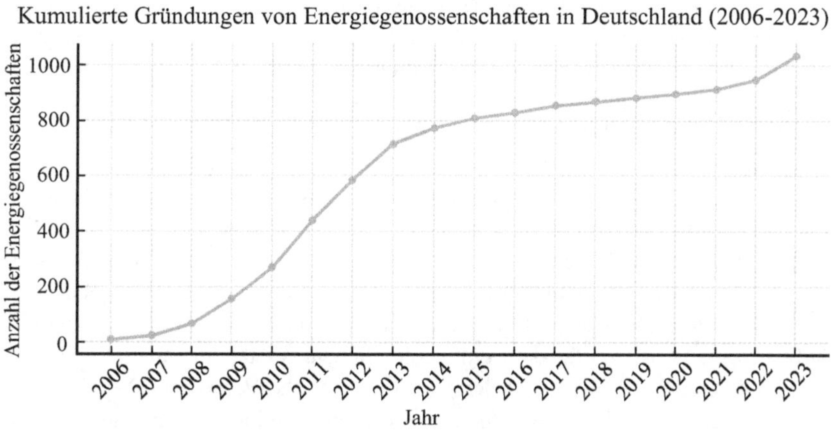

Abbildung 3.3 Entwicklung Neugründung Energiegenossenschaften in Deutschland[103]

Obwohl bereits aktive Strukturen existieren, bleibt das institutionelle Umfeld insgesamt fragmentiert. Es fehlt eine übergeordnete Anlaufstelle, was etwa bürokratische Hürden verursacht, gerade für kleinere Institutionen. Das föderal organisierte Förder- und Beratungsangebot führt zu Intransparenz und erhöhten Aufwand in der Projektumsetzung.[104]

3.4 Diskussion der nationalen Umsetzungspfade als Grundlage für ein unionsrechtskonformes Zielmodell

Grundlegend ist festzuhalten: Österreich und auch Deutschland erkennen die Bedeutung gemeinschaftlicher Energieinitiativen für das Gelingen der Energiewende an und verankern entsprechende Konzepte zunehmend im landesweiten Energierecht. So existieren in beiden Staaten gesetzliche Modelle, die verbrauchernahe Stromerzeugung, Nutzung und bürgerschaftliches Engagement ermöglichen. Auch zeigt sich in beiden Umsetzungen ein wachsender politischer Wille, die Beteiligung von Bürgern, Kommunen und KMU zu stärken und Modelle,

[103] Eigene Darstellung in Anlehnung an: DGRV, Energiegenossenschaften – Jahresumfrage (2024).

[104] Vgl. Engage, Soziale Innovation und Beteiligung von Bürger:innen (2024), S. 13.

wie Energy Sharing, in das bundesweite Energiesystem zu integrieren. Eine weitere Gemeinsamkeit ist, dass beide Länder die Option zur grenzüberschreitenden Nutzung nicht auf Bundesebene übernommen haben, wodurch eine wichtige unionsrechtliche Ermöglichung für Grenzregionen ungenutzt bleibt.[105] Dennoch zeigen sich deutliche Unterschiede im Grad und in der Systematik der Umsetzung. Zum einen fordern die europäischen Energiegemeinschaften Regelungen von den Mitgliedstaaten im Hinblick auf eine umfassende rechtliche Anerkennung von Energiegemeinschaften.[106]

Während Österreich dieser Vorgabe mit der klaren rechtlichen Trennung zwischen EEG und BEG nachkommt,[107] fehlt es in Deutschland bislang an einer vergleichbaren Systematisierung. Der Begriff der deutschen BE-Gesellschaft[108] bleibt inhaltlich weit hinter dem unionsrechtlichen Verständnis einer Energiegemeinschaft zurück.[109] Weder ist der gemeinschaftliche Verbrauch über das Netz aktuell umsetzbar, noch besteht eine rechtssichere Befreiung von Pflichten klassischer Energieversorger.[110] Darüber hinaus können und dürfen BE-Gesellschaften die Gewinnerzielung anstreben, während die REC i. S. d. RED II primär ökologische, wirtschaftliche oder soziale Vorteile in den Vordergrund stellt. Obwohl der Gesetzgeber den BE-Gesellschaftsbegriff mit dem unionsrechtlichen Begriff der REC im Einklang sieht, kritisiert Prof. Dr. Salje die Umsetzung und zeigt die damit einhergehende Nichtrealisierung der EU-Vorgaben auf.[111] Damit bleibt der deutsche Gesetzgeber hinter dem unionsrechtlichen Ziel eines diskriminierungsfreien Zugangs kleiner, lokaler Marktteilnehmer zurück.[112]

Zwar wurde mit dem § 42c EnWG-E ein erster Schritt in Richtung eines legalen Rahmens für Energy Sharing unternommen. Die vorgesehene Flexibilisierung der Lieferpflichten sowie die Entlastung von einzelnen Betreiberpflichten sind positiv hervorzuheben.[113]

---

[105] Vgl. Gaugitsch/Schuh, Betriebs-und Vertriebsformate – Erneuerbare Energieanlagen (2023) S. 4 ff.

[106] Vgl. Art. 2 Nr. 16 RED II; Art. 2 Nr. 11, Art. 16 EMD.

[107] Vgl. § 16b und § 16c ElWOG.

[108] Vgl. § 3 Nr. 15 EEG.

[109] Vgl. Schwintowski, Aufbruch zur Dezentralen Energieversorgungsgemeinschaft (2025), S. 1, 10.

[110] Vgl. Schwintowski, Aufbruch zur Dezentralen Energieversorgungsgemeinschaft (2025), S. 6; Art. 15a Abs. 4 lit. c EMD II.

[111] Vgl. Deutscher Bundestag, Wissenschaftliche Dienste: Energy Sharing (2024), S. 9.

[112] Vgl. IZES, Stand der Umsetzung der RED II-Richtlinie in Deutschland mit Blick auf die Bürgerenergie (2021), S. 22.

[113] Vgl. BMWE, Referentenentwurf (2024), S. 21 ff.

Auch wirtschaftlich bestehen zwischen Österreich und Deutschland Differenzen: Während in Österreich durch reduzierte Netzentgelte, Steuererleichterungen und spezifische Förderungen spürbare Anreize für gemeinschaftlich genutzten Strom bestehen, fehlt es in Deutschland an entsprechenden Privilegien.[114] Das Mieterstrommodell oder die gemeinschaftliche Gebäudeversorgung bieten zwar punktuelle Vorteile, jedoch nur für klar abgegrenzte Gebäudekonstellationen. Sie erfüllen nicht die Kriterien einer rechtsfähigen, netzintegrierten Energiegemeinschaft.

Die erfolgreiche Etablierung von Energiegemeinschaften erfordert neben normativer Einführung auch die institutionelle Unterstützung.[115] Österreich hat dies durch die Einrichtung ihrer bundesweiten Servicestelle bereits umgesetzt. Diese bietet digitale Systeme, Beratung, Musterverträge, begleitende Schulungen an und stellt so sicher, dass selbst unerfahrene Akteure praxisnah und rechtssicher partizipieren können.[116]

In Deutschland hingegen fehlt eine vergleichbare Stelle.[117] Die vorhandenen Unterstützungsangebote sind fragmentiert, föderal organisiert und damit unübersichtlich. Dadurch entstehen speziell für neue Akteure erhebliche Markteintrittsbarrieren, was die Innovationskraft und Skalierbarkeit dieses Modells einschränken.[118]

Auch in der rechtswissenschaftlichen Literatur wird dieser Befund gestützt. So bezeichnet Prof. Dr. Hans-Peter Schwintowski den aktuellen Regulierungsansatz als „systematisch überreguliert." Er plädiert für echte Energiegemeinschaften, im Sinne einer dezentralen, autonomen Versorgungseinheit, die durch die bestehende Regulierung faktisch gehindert würde. Er fordert daher eine grundlegende Neuausrichtung hin zu einem unregulierten Rahmenmodell, bei dem Bürgergemeinschaften Strom gemeinschaftlich erzeugen, nutzen und speichern können, ohne unter die vollständige Regulierungspflicht des EnWG zu fallen.[119]

Ein weiteres Defizit der deutschen Umsetzung liegt in der Missachtung unions- und verfassungsrechtlicher Vorgaben. Unionsrechtlich verstößt Deutschland gegen Art. 288 AEUV, da die unvollständige Umsetzung des Konzepts

[114] Vgl. Erge/Kühnbach/Kohrs/Surmann, Lohnt sich die österreichische Energiegemeinschaft auch für Deutschland? (2022), S. 54.

[115] Vgl. Art. 22 Abs. 4 RED II.

[116] Vgl. Volksbank Wien, So geht Nachhaltigkeit für KMU (2022), S. 13.

[117] Vgl. Bündnis Bürgerenergie, Novelle des EnWG (2025), S. 8.

[118] Vgl. Engage, Soziale Innovationen und Beteiligung von Bürger:innen (2024), S. 120 ff.

[119] Vgl. Schwintowski, Aufbruch zur Dezentralen Energieversorgungsgemeinschaft (2025), S. 3 ff.

gemeinschaftlicher Eigenversorgung das Prinzip der Mindestharmonisierung verletzt. Auch Art. 4 Abs. 3 EUV (Wirksamkeitsgrundsatz) wird unterlaufen, weil die gemeinschaftliche Energienutzung nicht hinreichend berücksichtigt wird, was die Erreichung unionsrechtlicher Ziele gefährdet.[120]

Zudem beeinträchtigt die Ausgestaltung der BE-Gesellschaft die in Art. 119, 120 AEUV verankerten Wettbewerbsgrundsätze, da dezentrale Marktstrukturen nicht gefördert werden.[121] Aus Art. 20a GG folgt die Pflicht, die völkerrechtlichen Verpflichtungen aus den Pariser Klimazielen einzuhalten und den Übergang zur Klimaneutralität rechtzeitig einzuleiten. Die derzeitige Umsetzung wird diesem Anspruch nicht gerecht.[122]

Zudem richtete am 26. Juli 2025 die Europäische Kommission eine ergänzende mit Gründen versehene Stellungnahme an Deutschland (INFR(2021)0192), da die vollständige Umsetzung der RED II über die Förderung der Nutzung von Energie aus erneuerbaren Quellen weiterhin aussteht. Die Richtlinie verpflichtet die Mitgliedstaaten u. a. zur Vereinfachung von Verwaltungsverfahren und zur Förderung der Bürgerbeteiligung. Deutschland hatte die Umsetzungsfrist vom 30. Juni 2021 überschritten und trotz vorangegangener Mahnung im Jahr 2022 keine vollständige Entsprechungstabelle oder ein erläuterndes Umsetzungsdokument vorgelegt. Sollte innerhalb von zwei Monaten keine vollständige Umsetzung erfolgen, behält sich die Kommission vor, Klage vor dem Europäischen Gerichtshof zu erheben.[123]

Aktuelle Analysen zeigen auch Umsetzungsschwächen bei österreichischen Rahmenbedingungen. So wird der Aufbau einer Energiegemeinschaft trotz günstiger Rahmenbedingungen, häufig durch komplexe Rechts-, Abrechnungs- und Genehmigungsverfahren erschwert. Auch die fehlenden finanziellen Anreize und

---

[120] Vgl. Schwintowski, Aufbruch zur Dezentralen Energieversorgungsgemeinschaft (2025), S. 4.

[121] Vgl. Schwintowski, Aufbruch zur Dezentralen Energieversorgungsgemeinschaft (2025), S. 11.

[122] Vgl. Schwintowski, Aufbruch zur Dezentralen Energieversorgungsgemeinschaft (2025), S. 5.

[123] Vgl. Europäische Union, March infringement package – key decisions on energy (2024); Europäische Kommission, EU-Kommission eröffnet zwei Vertragsverletzungsverfahren gegen Deutschland (2024).

Förderinstrumente für überregionale BEG,[124] sowie die ausbaufähige Kommunikation zwischen Netzbetreiber und Energiegemeinschaften stellen noch Rückstände in der praktischen Realisierung dar.[125]

Im Unterschied zu Österreich ist die Überführung der europäischen Vorgaben zur Einrichtung und Förderung von Energiegemeinschaften in Deutschland bislang nicht vollständig erfolgt. Zwar bestehen mit dem deutschen EEG und dem EnWG einzelne Regelungen, die Bürgerbeteiligungen an der Energieerzeugung ermöglichen, doch ein konsistenter Rechtsrahmen für die gemeinschaftliche Energienutzung fehlt bisher.[126] Die deutsche Ausführung weist somit erhebliche Defizite bei der Realisierung im Hinblick auf europarechtliche Rahmenbedingung auf, u. a. in Bezug auf Rechtsklarheit, wirtschaftliche Attraktivität als auch auf institutionelle Unterstützung.

Die österreichische Ausführung offenbart hingegen, dass eine kohärente Gesetzgebung, flankiert durch gezielte Förder- und Koordinationsmechanismen, die tatsächliche Implementierung von Energiegemeinschaften beschleunigt. Denn beide Staaten stehen vor der Aufgabe, bestehende Strukturen weiterzuentwickeln und Umsetzungshürden abzubauen.

3.5 Zwischenergebnis

Die vergleichende Analyse hat gezeigt, dass Energiegemeinschaften im europäischen Rechtsrahmen als Instrument zur Bürgerintegration, Dezentralisierung und Stärkung der Versorgungssicherheit vorgesehen sind. Auf Grundlage der RED II, RED III und der EMD sollen sie nicht nur den Ausbau erneuerbarer Energien fördern, sondern auch soziale Teilhabe, Akzeptanz und regionale Wertschöpfung ermöglichen.

Österreich hat die unionsrechtlichen Vorgaben durch das EAG-Paket konsequent umgesetzt und mit den Modellen ihrer BEG klare Rechtsformen, ökonomische Anreize und institutionelle Unterstützungsstrukturen geschaffen. Dadurch ist eine hohe Gründungsdynamik entstanden, die den unionsrechtlichen Zielsetzungen entspricht und den Marktzugang für Bürgerinnen und Bürger erleichtert.

[124] Vgl. Bündnis Bürgerenergie, Umsetzungsstand von Energy Sharing in der EU (2023), S. 13.

[125] Vgl. Bündnis Bürgerenergie, Umsetzungsstand von Energy Sharing in der EU (2023), S. 12.

[126] Vgl. Erge/Kühnbach/Kohrs/Surmann, Lohnt sich die österreichische Energiegemeinschaft auch für Deutschland? (2022), S. 54.

In Deutschland hingegen wurde das unionsrechtliche Potenzial bislang nur partiell realisiert. Zwar bestehen mit der BE-Gesellschaft, dem Mieterstrommodell und der gemeinschaftlichen Gebäudeversorgung erste Ansätze, doch fehlten lange Zeit klare Rahmenbedingungen für Energiegemeinschaften im Sinne der RED II und EMD. Mit dem im August 2025 vorgelegten Regierungsentwurf zur Einführung des § 42c EnWG wurde erstmals eine Rechtsgrundlage für Energy Sharing in Deutschland vorgeschlagen. Gleichwohl weist die Regelung erhebliche Defizite auf: Die Lieferantenpflichten ab einer Anlagenschwelle von 100 kW erhöhen den bürokratischen Aufwand erheblich und die wirtschaftliche Attraktivität bleibt aufgrund fehlender Entlastungen bei Netzentgelten, Umlagen und Abgaben gering. Zudem bestehen Unsicherheiten bei der praktischen Umsetzung, insbesondere im Hinblick auf Abrechnung, Datenmanagement und die Rolle der Netzbetreiber.

Damit verdeutlicht der Vergleich zweier nationaler Umsetzungswege ein zentrales Ergebnis: Während Österreich unionsrechtskonforme Strukturen geschaffen und eine hohe Praxisrelevanz erreicht hat, bleibt Deutschland trotz der jüngsten Reformvorsätze hinter den europäischen Anforderungen zurück. Aus dieser Diskrepanz ergibt sich die Notwendigkeit, ein unionsrechtskonformes Zielmodell für Energiegemeinschaften in Deutschland zu entwickeln, das rechtliche Klarheit schafft, wirtschaftliche Anreize setzt und institutionelle Unterstützung gewährleistet.

Die Analyse zeigt, dass die deutsche Gesetzgebung bislang nicht in vollem Umfang den unionsrechtlichen Vorgaben entspricht.

Beabsichtigt Deutschland ein unionskonformes Modell etablieren, bedarf es im Besonderen:

- einer differenzierten rechtlichen Definition und Trennung von Erneuerbaren-Energiegemeinschaften und Bürgerenergiegemeinschaften,
- der Harmonisierung technischer Voraussetzungen,
- der Schaffung finanzieller Anreizsysteme, etwa durch reduzierte Netzentgelte oder Abgabenbefreiungen für gemeinschaftlich genutzten Strom,
- einer bundeseinheitlichen Koordinationsstelle, die praxisnahe Gründungshilfen, Softwarelösungen und Schulungskonzepte bereitstellt,
- sowie die Entlastung von regulatorischen Anforderungen.

Die folgende Synopse (Abbildung 3.4) verdichtet die Gemeinsamkeiten und Unterschiede der nationalen Umsetzung. Sie zeigt: Österreich erfüllt die EU-Leitplanken systematisch und praxistauglich, während Deutschland trotz § 42c EnWG-E noch zentrale Lücken bei Rechtsklarheit, Anreizstruktur und institutioneller Unterstützung aufweist.

Kategorie	Österreich	Gemeinsamkeiten (EU-Rahmen)	Deutschland
Rechtsgrundlage	EAG & ElWOG: klare, vollständige Umsetzung; EEG (REC) & BEG (CEC) ausdrücklich geregelt	RED & EMD als Leitplanken in beiden Staaten	EEG/EnWG: fragmentarische Umsetzung; §§ 42a-c EnWG teils neu/ noch im Aufbau
Begriffs-/Rechtsklarheit	Klare Trennung REC/CEC inkl. Rechtsform, Mitgliedschaft, Zweckbindung	EU-Definition REC/CEC anerkannt	Keine klare Trennung; „BE-Gesellschaft" ≠ Energiegemeinschaft i.S.d. EU
Energy Sharing	Für EEG/BEG möglich	Energy Sharing als EU-Ziel (v.a. 15a EMD II)	§ 42c EnWG eingeführt; Details offen
Finanzielle Anreize	Reduzierte Netzentgelte, Abgabenentlastungen, gezielte Förderkulisse	EE-Förderinstrumente grundsätzlich vorhanden	Kaum Entlastungen für Sharing; Wirtschaftlichkeit schwach ohne Privilegien
Institutionelle Unterstützung	Koordinationsstelle mit Mustern, Schulungen, …	Informationsangebote existieren	Keine zentrale Stelle, föderal fragmentiert
Technische Voraussetzungen	iMs-Durchdringung & 15-minütige-Zuordnung (statisch/dynamisch) rechtlich verankert	iMS und digitale Abrechnung als Basis	iMS-Rollout schleppend; Standardisierung/Abrechnung teils unklar
Marktzugang & Aggregation	Marktteilnahme/Aggregation ausdrücklich möglich	Aggregation EU-weit zulässig	Rechtlich möglich, praktisch erschwert

Abbildung 3.4 Vergleichende Darstellung zu den Gemeinsamkeiten und Unterschieden in Österreich und Deutschland bei der Umsetzung von Energiegemeinschaften

Diese Erkenntnisse bilden die Grundlage für die Entwicklung eines unionsrechtskonformen Zielmodells, das im folgenden Kapitel 4 systematisch ausgearbeitet wird.

Entwicklung eines Zielmodells für Energiegemeinschaften in Deutschland

4

Die Analyse aus dem vorherigen Kapitel verdeutlicht, dass Deutschland trotz erster Ansätze noch kein unionsrechtskonformes Gesamtsystem für Energiegemeinschaften etabliert hat. Insbesondere im Vergleich zu Österreich bestehen erhebliche Regelungslücken sowohl auf rechtlicher als auch auf organisatorischer, wirtschaftlicher und technischer Ebene. Darüber hinaus zeigt sich in den bisherigen europäischen und nationalen Diskussionen, dass Energiegemeinschaften ein entscheidender Hebel sein können, um Bürger aktiv in die Energiewende einzubinden und den regionalen Ausbau erneuerbarer Energien zu beschleunigen.[1]

Vor diesem Hintergrund steht die folgende Forschungsfrage im Mittelpunkt dieses Kapitels:

> **„Welche Elemente muss ein Zielmodell für Energiegemeinschaften in Deutschland enthalten, um den europäischen Rechtsvorgaben zu genügen und den Ausbau ortsnaher Bürgerenergie erfolgreich zu ermöglichen?"**

4.1 Anforderungen an ein unionsrechtskonformes deutsches Zielmodell für Energiegemeinschaften

Ausgehend von den abgeleiteten europarechtlichen Anforderungen und identifizierten Defiziten lassen sich maßgebliche Vorgaben ableiten, die ein deutsches Zielmodell erfüllen muss. Der Hauptzweck des Entwurfs geht über eine reine

[1] Vgl. BMWE, Energiegemeinschaften als Schlüssel zur lokalen Energiewende (2025).

A. Herre, *Energiegemeinschaften im europäischen Energierecht*, Business, Economics, and Law, https://doi.org/10.1007/978-3-658-50998-9_4

Energieproduktion hinaus. Es soll demokratische Teilhabe ermöglichen, Systemdienstleistungen bereitstellen und sozioökonomische Vorteile in den Regionen schaffen.[2]

4.1.1 Rechtliche Anforderungen unionsrechtskonformes deutsches Zielmodell für Energiegemeinschaften

Vor dem Hintergrund ist ein Rechtsrahmen zu schaffen, der vor allem EU-konforme Definitionen für Erneuerbare-Energiegemeinschaften und Bürgerenergiegemeinschaften festlegen.[3] Dabei ist dem Grundsatz des Demokratieprinzips, der Offenheit für verschiedene Akteure sowie der Gemeinwohlorientierung zu folgen.[4]

Die Organisationsstrukturen sollen sowohl kleinen Initiativen als auch größeren regionalen Projekten gerecht werden. Ein deutsches Zielmodell soll daher flexible Organisations- und Rechtsformen für Energiegemeinschaften vorsehen, wie Genossenschaften, eingetragene Vereine oder auch GmbH & Co. KGs. Wichtig dabei ist, dass die gewählte Rechtsform eine Rechtspersönlichkeit besitzt.[5]

Auch der demokratische Entscheidungsprozess mit gleichberechtigter Beteiligung aller Mitglieder stellt eine Notwendigkeit dar.[6] Dafür muss die Satzung der Energiegemeinschaft (z. B. Genossenschaft) ausgewogene Regelungen für die Organisation der Gesellschaft, Entscheidungsprinzipien, Verantwortlichkeiten und Bedingungen für Beitritte und Austritte festlegen.[7] Ferner sollte auch eine Akteursvielfalt gegeben sein, indem die Teilnahme privaten, öffentlichen und gewerblichen Akteuren offensteht.[8]

---

[2] Vgl. Art. 2 Nr. 16 lit. c RED II.

[3] Vgl. Schwintowski, Aufbruch zur Dezentralen Energieversorgungsgemeinschaft (2025), S. 1,10.

[4] Vgl. Art. 2 Nr. 11; Art. 16 EMD.

[5] Vgl. Cejka/Kitzmüller, Rechtsfragen zur Gründung und Umsetzung von EG (2021), S. 15.

[6] Vgl. Klagge/Schmole/Seidl/Schön, Zukunft der deutschen Energiegenossenschaften (2016), S. 246.

[7] Vgl. Cejka/Kitzmüller, Rechtsfragen zur Gründung und Umsetzung von EG (2021), S. 15.

[8] Vgl. Erge/Kühnbach/Kohrs/Surmann, Lohnt sich die österreichische Energiegemeinschaft auch für Deutschland? (2022), S. 54.

4.1.2 Technische Anforderungen unionsrechtskonformes deutsches Zielmodell für Energiegemeinschaften

Darüber hinaus fordert die nachhaltige Integration von Energiegemeinschaften in das deutsche Energiesystem eine Reihe technischer Voraussetzungen: Dazu zählt hauptsächlich die Einbindung verschiedener Erzeugungstechnologien, wie PV- oder Windenergie.

Durch die zunehmende Bedeutung fluktuierender Wind- und Solarenergie wird der Einsatz von Speichertechnologien und Flexibilitätsoptionen zur Netzstabilisierung benötigt.[9] Die Digitalisierung ist dabei eine Grundvoraussetzung, um Kosteneffizienz für kleinteilige Geschäftsmodelle zu erzielen,[10] die vorhandenen Netzkapazitäten zu nutzen sowie netzdienliche Steuerungsmechanismen zu ermöglichen.[11]

Die Grundlage der Digitalisierung des Stromsystems sind smarte Zähler in Form von iMS. Sie bilden die Schnittstelle zwischen physikalischen Stromflüssen und wirtschaftlichen Transaktionen.[12] Unerlässlich erscheint auch die transparente und datenbasierte Kommunikation über eine geeignete Plattform mit den erforderlichen Marktakteuren.

4.1.3 Wirtschaftliche Anforderungen unionsrechtskonformes deutsches Zielmodell für Energiegemeinschaften

Die wirtschaftliche Tragfähigkeit ist ebenfalls eine tragende Prämisse für die Skalierung von Energiegemeinschaften. Bei der Bündelung des Kapitals von Privatpersonen zur Finanzierung der Energiewende spielen sie eine wichtige Rolle.[13] Gegenwärtig finanzieren sich Genossenschaften im Wesentlichen über Beiträge ihrer Mitglieder.[14]

---

[9] Vgl. Ariadne-Report, Deutschland auf dem Weg zur Klimaneutralität 2045 (2021), S. 7; Agora, Optimierung der Stromnetze (2017), S. 19.

[10] Vgl. dena, Energy Communities (2022), S. 26.

[11] Vgl. Agora, Optimierung der Stromnetze (2017), S. 10 ff.

[12] Vgl. dena, Energy Communities (2022), S. 71.

[13] Vgl. Klagge/Schmole/Seidl/Schön, Zukunft der deutschen Energiegenossenschaften (2016), S. 243.

[14] Vgl. Cejka/Kitzmüller, Rechtsfragen zur Gründung und Umsetzung von EG (2021), S. 18 f.

Zukünftig sollten vermehrt stabile Finanzierungsoptionen angestrebt werden, die sowohl Eigenmittel, Bürgerbeteiligung als auch Förderprogramme sinnvoll miteinander verbinden. Von Bedeutung ist dabei, dass gemeinschaftlich erzeugter Strom einen finanziellen Vorteil gegenüber der konventionellen Versorgung bietet – etwa durch günstigere Strompreise, Einsparungen bei Umlagen oder zusätzliche Erlösquellen für Erzeuger. Die Partizipation auch einkommensschwacher Haushalte ist durch niedrige Beteiligungsschwellen zu ermöglichen.[15]

4.1.4 Institutionelle Rahmenbedingungen unionsrechtskonformes deutsches Zielmodell für Energiegemeinschaften

Eine einfache und planungssichere Förderbedingung, wie etwa für die Anfangsfinanzierung kleinerer Projekte, könnte den Ausbau Energiegemeinschaften in Deutschland fördern. Kleinere Energiegemeinschaften sind oft nicht in der Lage, die mit Ausschreibungsverfahren verbundenen Risiken und Transaktionskosten zu tragen.[16]

Eine Überarbeitung der regulatorischen und gesetzlichen Bedingung sowie neue Geschäftsmodelle sind erforderlich, um der Branche Anreize zu setzen bzw. sie wieder zu beleben.[17]

Auch die Reduktion administrativer Hürden und bürokratische Prozesse könnten der Hemmung des Energy Sharings entgegenwirken. Erfahrungen aus anderen Mitgliedstaaten, insbesondere Österreich (vgl. Abschnitt 3.2), zeigen die Wirksamkeit einer unterstützenden institutionellen Infrastruktur.

Die Schaffung einer übergeordneten koordinierten Instanz als zentral gesteuerte Anlaufstelle mit einem breiten Spektrum an Beratungsleistung, verschiedener Schulungsoptionen,[18] aber auch standardisierte Musterverträge sowie informative Leitfäden sind obligatorisch.[19]

---

[15] Vgl. Bündnis Bürgerenergie, Umsetzungsstand von Energy Sharing in der EU (2023), S. 8.

[16] Vgl. Klagge/Schmole/Seidl/Schön, Zukunft der deutschen Energiegenossenschaften (2016), S. 246.

[17] Vgl. Ariadne-Report, Deutschland auf dem Weg zur Klimaneutralität 2045 (2021), S. 7.

[18] Vgl. Gruber/Tischler/Wogrin, How to Energiegemeinschaft (2022), S. 2.

[19] Vgl. Cejka/Kitzmüller, Rechtsfragen zur Gründung von EG (2021), S. 11.

4.1.5 Vereinfachte regulatorische Anforderungen an ein unionsrechtskonformes deutsches Zielmodell für Energiegemeinschaften

Der unionsrechtlich geforderte diskriminierungsfreie Marktzugang verlangt, dass Energiegemeinschaften nicht durch regulatorische, technische oder wirtschaftliche Barrieren vom Energiemarkt ausgeschlossen werden.[20] Die EU-Richtlinien streben einen Rechtsrahmen an, der es Eigenversorgern ermöglicht, Elektrizität ohne unverhältnismäßig regulatorische Belastung zu erzeugen, zu speichern, zu verbrauchen und zu verkaufen.[21] Die Anforderung könnte eine zentralisierte Antrags- und Genehmigungsplattform für vereinfachte Netzzugangsanträge, standardisierte Abrechnungsprozesse sowie gelockerte Vorgaben für die Weiterleitung bzw. den Verkauf von Strom bewältigt werden.

4.2 Struktur und Funktionsweise des Modells „Energienachbarschaft"

Aufbauend auf den zuvor formulierten Anforderungen erfolgt nachstehend die Ausarbeitung eines unionsrechtskonformen und praxisnahen Zielmodells in Form der „Energienachbarschaft" (Abbildung 4.1).

4.2.1 Rechtliche Ausgestaltung der „Energienachbarschaft"

Die „Energienachbarschaft" zielt auf die Etablierung einer partizipativen und gemeinwohlorientierten Energieversorgung, die technologische Innovationen mit sozialer Teilhabe und Systemdienlichkeit verbindet. Im Zentrum steht eine nicht gewinnorientierte Organisationsform, die auf regionale Wertschöpfung, netzdienliches Verhalten und demokratische Mitgestaltung ausgerichtet ist. Sie ist als eingetragene Energiegenossenschaft organisiert, um eine demokratische Kontrolle, offene Mitgliedschaft und regionale Einbindung zu gewährleisten. Diese

---

[20] Vgl. Art. 16 Abs. 1 lit. e, Abs. 3 lit. a EMD; Art. 22 Abs. 1 lit. c, Abs. 4 lit. a, d RED II.

[21] Vgl. IZES, Stand der Umsetzung der RED II-Richtlinie in Deutschland mit Blick auf die Bürgerenergie (2021), S. 15 f.

Rechtsform ist im deutschen Genossenschaftsgesetz verankert und erfüllt die unionsrechtlichen Rahmenbedingungen an CEC im Sinne der EMD sowie an REC gemäß RED II.

Diese demokratische Organisationsform („eine Stimme pro Mitglied") erlaubt die Beteiligung von Privatpersonen, Unternehmen und Kommunen. Diese Struktur schafft Vertrauen, fördert Mitbestimmung und ermöglicht zugleich unternehmerisches Handeln im gemeinwohlorientierten Rahmen. Dadurch werden klare Zuständigkeiten, Haftungsfragen und Entscheidungsstrukturen in der Satzung geregelt. Die Möglichkeit zur differenzierten Mitgliederstruktur bietet zudem Flexibilität für unterschiedliche wohnungswirtschaftliche Konstellationen oder sektorale Anwendungsbereiche.[22]

Entscheidend ist die rechtliche Möglichkeit zur gemeinschaftlichen Nutzung von Energie, insbesondere durch Energy Sharing. Die „Energienachbarschaft" basiert auf dem Recht ihrer Mitglieder, erneuerbaren Strom gemeinschaftlich zu erzeugen, zu speichern, zu verbrauchen und an Dritte zu liefern. Die physikalische Durchleitung erfolgt über das öffentliche Verteilnetz. Die energiewirtschaftliche Abwicklung erfolgt mithilfe iMS sowie digitaler Plattformen zur Verbrauchsabrechnung.

Das Modell schlägt eine gesetzliche Klarstellung im EnWG vor, die die „Energienachbarschaft" als eigene Marktrolle mit spezifischen Rechten und Pflichten etabliert. Dies umfasst vor allem die explizite Zulassung von Energy Sharing, die Unterscheidung von REC und CEC sowie die Gleichstellung beim Netzzugang.

4.2.2 Technische Ausgestaltung und digitale Integration der „Energienachbarschaft"

Die technische Architektur der „Energienachbarschaft" zielt auf die netzdienliche Integration von lokal verankerten Erzeugungseinheiten und die Ermöglichung eines standortnahen organisierten Energieaustauschs. Strukturprägendes Element ist eine digital vernetzte Infrastruktur, die Erzeugung, Speicherung, Verbrauch und P2P-Handel innerhalb einer gemeinsamen Plattform intelligent verbindet.

---

[22] Vgl. Klagge/Schmole/Seidl/Schön, Zukunft der deutschen Energiegenossenschaften (2016), S. 255; Michalski/Reiß/Strauss, Klimaschutz im Gebäudesektor (2021), S. 10.

Die Stromerzeugung erfolgt primär über PV-Anlagen, die auf Dächern von Wohnhäusern, Bildungseinrichtungen und Gewerbeflächen installiert sind. Die autonome Erzeugungsstruktur erlaubt eine verbrauchsnahe Produktion und verringert gleichzeitig Netzbelastungen.[23] Überschüssige Erträge werden in quartiersbezogene Batteriespeicher zwischengespeichert. Ergänzend können Speicher aus dem Bereich der Elektromobilität zur sektorübergreifenden Nutzung integriert werden, was ebenfalls zur Netzentlastung beiträgt.[24]

Das Kernelement des technischen Designs ist das dynamische Einspeisemanagement, das sich an der aktuellen Netzbelastung orientiert. Durch den Einsatz von iMS und digitalen Plattformen und einem Home Energy Management System (HEMS)[25] können Erzeugung und Verbrauch innerhalb der Gemeinschaft bedarfsgerecht und netzdienlich gesteuert werden. Die viertelstundengenaue Erfassung von Einspeise- und Verbrauchsdaten ist essenziell, da die punktuelle Erzeugung dem momentanen Verbrauch zeitgenau zugeordnet wird. Dadurch kann eine faire und transparente Abrechnung gewährleistet werden. Zudem sind digitale Plattformen für Energiedatenmanagement und Kundenbeziehungen zu entwickeln und zu harmonisieren, um eine reibungslose digitale Infrastruktur sicherzustellen.[26] Diese Systeme sollten kompatibel mit den Systemen der Netzbetreiber und Lieferanten gestaltet sein.

Die Einspeisung erfolgt bevorzugt in netzentlastenden Phasen, während Lastspitzen durch Eigenverbrauch oder Speicherentladung abgefedert werden können.[27] Dies reduziert den Investitionsdruck für den konventionellen Netzausbau und eröffnet Energiegemeinschaften neue Formen der Zusammenarbeit mit Netzbetreibern.[28] Die technische Grundlage für die Steuerung, Abrechnung und

---

[23] Vgl. Agora, Energiewende und Dezentralität (2017), S. 48; IRENA, Aggregators (2019), S. 6.

[24] Vgl. Ahrend, Geschäftsmodell Nachhaltigkeit (2022), S.193; Schmidtpeter/Wenzel, Neue Geschäftsmodelle und kooperative Innovation (2018), S.510; dena, Energy Communities (2022), S.28.

[25] HEMS lassen sich allgemein als Systeme (einschließlich vernetzter Hard- und Software) definieren, die es Haushalten ermöglichen, ihren Energieverbrauch zu steuern; Vgl. Karlin, et. al., Charakterisierung und Potenzial der HEM-Technologie (2015).

[26] Vgl. dena, Energy Communities (2022), S. 8 ff., 35.

[27] Vgl. dena, Energy Communities (2022), S. 5.

[28] Vgl. Agora, Energiewende und Dezentralität (2017), S. 104.

Koordination bildet eine digitale Plattform, die auf der Blockchain-Technologie basiert.[29]

Konkret funktioniert dies in der „Energienachbarschaft“ wie folgt: Ein Bewohner speist über seine PV-Anlage Strom in das gemeinsame Netz ein. Dieser Strom wird über ein iMS viertelstundengenau erfasst und als „verfügbare Strommenge“ digital verbucht. Ein anderer Nachbar, der im selben Wohnviertel zur gleichen Zeit Strom verbraucht, erhält diesen Strom automatisiert über die Plattform zugewiesen. Ein Smart Contract sorgt dafür, dass der zuvor festgelegte Preis (z. B. 15 ct/kWh) automatisch vom Benutzerkonto abgezogen und dem Erzeugerkonto gutgeschrieben wird, ohne Drittanbieter. Über die Blockchain wird dieser Vorgang manipulationssicher dokumentiert und alle Beteiligten können ihre Erzeugungs- und Verbrauchsdaten in Echtzeit über eine App oder Weboberfläche einsehen.

Eine solche Echtzeit-Datenverfügbarkeit ist unerlässlich, um innerhalb der „Energienachbarschaft“ sowohl Abrechnungsprozesse als auch netzdienliche Steuerungen automatisiert umsetzen zu können. Die Plattform agiert damit als vertrauenswürdiger Vermittler, senkt Transaktionskosten und ermöglicht einen fairen sowie transparenten Energieaustausch zwischen Nachbarn. Durch die Kombination aus dezentraler Erzeugung, Speicherung und digitaler Steuerung bietet die „Energienachbarschaft“ erhebliche Vorteile für Netzbetreiber. Es ermöglicht neben der Reduktion von Lastspitzen, den Abbau von Investitionsstaus beim Netzausbau eine verbesserte Prognostizierbarkeit der lokalen Einspeisung. Zudem erlaubt das digitale Management die Bündelung und gezielte Steuerung von Verbrauchs- und Erzeugungsflexibilität, die künftig zur Stabilisierung des Stromnetzes und zum Ausgleich kurzfristiger Schwankungen genutzt werden kann. Diese Energiegemeinschaft wird so zu einem aktiven Bestandteil eines zukunftsfähigen, resilienten Stromsystems.[30]

[29] Vgl. dena, Energy Communities (2022), S. 23.

[30] Vgl. Umweltbundesamt, Leitfaden zur Finanzierung EEG (2021), S. 34.

4.2.3 Finanzierung und wirtschaftliche Funktionsweise der „Energienachbarschaft“

Die wirtschaftliche Tragfähigkeit der „Energienachbarschaft“ ist eine Schlüsselkomponente für die Skalierbarkeit dieses Konzepts. Dabei wird ein Finanzierungskonzept verfolgt, das Eigenmittel, Förderinstrumente und neue Marktmechanismen integriert. Investitionen in die Infrastruktur als auch in den laufenden Betrieb sollen nachhaltig gesichert werden. Die Anfangsfinanzierung erfolgt durch eine Kombination aus Mitgliedsbeiträgen, kommunaler Beteiligung, Bürgerdarlehen sowie regionalen oder bundesweiten Förderprogrammen (z. B. KfW-Förderung, kommunale Klimafonds).[31]

Ergänzend können internetgestützte Beteiligungsformate wie Crowdfunding[32] zur breiten Aktivierung gebietsbezogener Teilhabe beitragen. Die genossenschaftliche Rechtsform erlaubt eine unkomplizierte Aufnahme von Kapital durch neue Mitglieder und bietet durch die Begrenzung auf Sachinvestitionen ein geringes finanzielles Risiko.[33] Ein grundlegender Bestandteil stellt dabei der Erwerb von Genossenschaftsanteilen dar. Die Bürger werden durch den Kauf eines Anteils Mitglieds der „Energienachbarschaft“, erhalten Stimmrechte in der Generalversammlung und auch eine jährliche Dividende (abhängig vom wirtschaftlichen Erfolg). Der Erwerb ist ab einem Anteil von 50 Euro möglich, ohne dass eine Höchstgrenze besteht. Durch diese bewusst niedrig angesetzten Beiträge ermöglicht diese Genossenschaft eine breite gesellschaftliche Teilhabe – auch für Personen mit begrenztem finanziellem Spielraum.[34]

---

[31] Vgl. Kleemann, Das Unternehmen der Zukunft als eierlegende Wollmilchsau? (2018), S. 108.

[32] Die Finanzierung eines Projekts allein durch Beiträge einer Vielzahl von Personen, ohne dass diese gemeinschaftlich das Unternehmen gründen oder Betreiben; Vgl. Wenzel/Schmidpeter, Neue Geschäftsmodelle und kooperative Innovation. (2018), S.507.;

[33] Vgl. Klaus/Kuttner, Der Mensch steht im Mittelpunkt (2018), S. 310; Engage, Soziale Innovationen und Beteiligung von Bürger:innen (2024), S. 127.

[34] Vgl. Engage, Soziale Innovationen und Beteiligung von Bürger:innen (2024), S. 127.

Für Investitionen in PV-Anlagen, Speicher oder digitale Infrastruktur werden zudem Förderprogramme auf Landes- und EU-Ebene einbezogen (z. B. LIFE,[35] REPowerEU).[36] Die Beteiligung von Stadtwerken oder ortsbezogenen Energieversorgern als Minderheitsgesellschafter kann zusätzliche Finanzierungssicherheit schaffen, weil kommunale Unternehmen in der Regel einen privilegierten Zugang zum Kapitalmarkt haben.[37] Zur Unterstützung dieser bürgergetragenen Projekte sollen regionale Banken grüne Kredite[38] bereitstellen, die durch Zinszuschüsse begünstigt werden. Ein solches Kreditangebot stärkt nicht nur die Finanzierungssicherheit, sondern erhöht auch die regionale Verankerung.

Darüber hinaus sollte die Politik steuerliche Vorteile für gemeinschaftlich erzeugten und verbrauchten Strom prüfen, durch die Befreiung der Stromsteuer oder einer Begünstigung bei der Versteuerung von Genossenschaftserträgen. Auch die Reduzierung der Netzentgelte für Energiegemeinschaften könnte zur Attraktivität beitragen. Ohne eine solche Reform wird der wirtschaftliche Vorteil von Energiegemeinschaften stark eingeschränkt.

Die wirtschaftliche Grundlage im laufenden Betrieb bilden organisierte Stromverkäufe über den P2P-Handel. Mitglieder können Strom aus eigener Erzeugung direkt an andere Mitglieder verkaufen, wobei die Preise individuell festgelegt sind. Auf diese Weise entsteht ein gegenseitiger Nutzen: Erzeuger erhalten bessere Erlöse als bei der klassischen Einspeisung in das Netz, während die Verbraucher von günstigem, lokalen Grünstrom profitieren. Die Abwicklung erfolgt automatisiert über eine Blockchain-Plattform, wodurch auch Transaktionskosten minimiert werden.

Langfristig kann sich dieses Modell durch eine Kombination aus regionaler Wertschöpfung, niedrigen Betriebskosten, geringer Marktabhängigkeit und hoher Akteursbindung wirtschaftlich selbst tragen. Zusätzliche Einnahmequellen ergeben sich durch die netzdienliche Vermarktung von Flexibilitätspotenzialen, die Bereitstellung systemstabilisierender Dienstleistungen sowie durch die Integration in quartiersbezogene Energieversorgungskonzepte, wie etwa Mieterstrommodelle. Die flexible Gestaltung gewährleistet eine hohe Skalierbarkeit: Es kann sowohl in kleinen Einheiten mit wenigen Haushalten umgesetzt als auch auf größere Strukturen mit mehreren hundert Beteiligten erweitert werden.

---

[35] Vgl. BMWE, Förderung im Rahmen von EU-LIFE – Programm für die Umwelt- und Klimapolitik (2025).

[36] Vgl. Europäischer Rat, Der REPowerEU-Plan im Detail (2025).

[37] Vgl. Umweltbundesamt, Leitfaden zur Finanzierung EEG (2021), S. 46.

[38] Grüne Kredite sind Darlehen, deren Mittel ausschließlich zur Finanzierung oder Refinanzierung förderfähiger grüner Projekte verwendet werden; Vgl. Loan Market Association, Green Loan Principles (2025), S. 3 f.

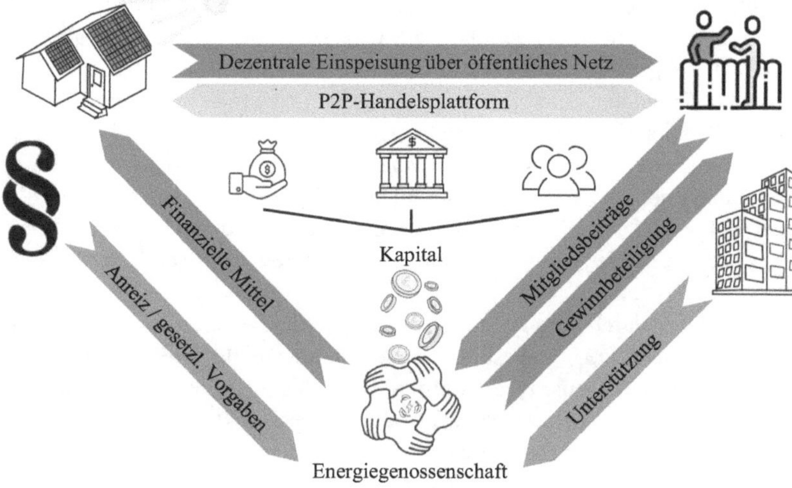

Abbildung 4.1 Vereinfachte Darstellung der „Energienachbarschaft"

4.2.4 Institutionelle Verankerung der „Energienachbarschaft"

Die institutionelle Verankerung spielt eine prägende Rolle für die langfristige Funktionsfähigkeit, Skalierbarkeit und Rechtssicherheit von Energiegemeinschaften. Die „Energienachbarschaft" verfolgt daher die Einrichtung einer institutionellen Anlaufstelle, die für Genehmigungen, Beratung, Standardisierung und Kommunikation fungiert.

Ergänzend wird vorgeschlagen, bei der BNetzA eine spezialisierte Abteilung für Energiegemeinschaften einzurichten. Diese soll als funktionale Instanz für Registrierung, technische Prüfung und rechtliche Überwachung fungieren. Sie soll damit eine aufsichtsrechtliche Funktion, ähnlich der aktuellen Rolle der BNetzA gegenüber Netzbetreibern, einnehmen. Diese Institution kann darüber hinaus als Monitoringstelle fungieren und jährlich einen Transparenzbericht veröffentlichen. Dieser erfasst unter anderem die CO_2-Einsparung, Verbrauchs- und Erzeugungsbilanzen sowie Kennzahlen zur Bürgerbeteiligung.

Zur Reduzierung bürokratischer Hürden soll über die Koordinationsstelle ein digitales Gründungs- und Registrierungsportal eingeführt werden. Über ein online Programm sollen standardisierte Satzungsmuster, digitale Formulare und Leitfäden bereitgestellt werden.[39]

Um die Gründung einer Energiegemeinschaft auch für nicht-professionelle Akteure zu erleichtern, soll ebenfalls der Netzzugang zu allen Portalen der BNetzA vereinheitlicht werden. Zudem sollten für Antragsverfahren, z. B. für den Netzanschluss oder die Teilnahme an Förderprogrammen, verbindliche Fristen mit klaren Sanktionsmechanismen bei Verzug eingeführt werden. Dies schafft Transparenz und vermeidet, dass Genehmigungsverfahren verzögert oder blockiert werden.

Um die Marktdurchdringung zu erleichtern, sollte die Teilnahme an relevanten Förderprogrammen (z. B. Investitionsausschreibungen) für Energiegemeinschaften vereinfacht und standardisiert werden. Die „Energienachbarschaft" sieht vor, dass Förderkriterien angepasst und Verfahren verschlankt werden, um kleinere Akteure chancengleich zu beteiligen.

4.2.5 Regulatorische Umsetzung und unionsrechtlicher Abgleich des Modells „Energienachbarschaft" im deutschen Rechtsrahmen

Die „Energienachbarschaft" stellt einen konkreten Vorschlag dar, wie Energiegemeinschaften in Deutschland unionsrechtskonform, praxisnah und netzdienlich ausgestaltet werden können. Im Sinne einer dogmatischen Analyse lässt sich feststellen, dass die Kernelemente des vorgeschlagenen Modells mit den Vorgaben der EU-Richtlinien systematisch in Einklang stehen. Dabei ist die „Energienachbarschaft" eindeutig als CEC zu klassifizieren.

Die geografische Ausrichtung der „Energienachbarschaft" weist zwar Parallelen zu einer klassischen REC auf, da die räumliche Nähe von Erzeugung und Verbrauch netzdienliche Effekte wie geringere Leitungsverluste und eine optimierte Lastverteilung begünstigt. Maßgeblich für die rechtliche Einordnung ist jedoch nicht die räumliche Begrenzung, sondern die in der EMD verankerten Kriterien wie demokratische Kontrolle, Akteursvielfalt und funktionsbezogene Ausrichtung.[40] Diese Einordnung als CEC bedeutet, dass die Marktprivilegien der

[39] Vgl. IZES, Stand der Umsetzung der RED II-Richtlinie in Deutschland mit Blick auf die Bürgerenergie (2021), S. 37.

[40] Vgl. Erwägungsgrund (43) – (46) EMD.

EMD einschlägig sind, etwa in Bezug auf diskriminierungsfreien Netzanschluss, faire Netzentgelte und vereinfachte Marktintegration.[41]

Um die Rechtsklarheit und Rechtssicherheit für unterschiedliche Formen von Energiegemeinschaften zu stärken, bedarf es im deutschen Energierecht einer expliziten und systematischen Differenzierung zwischen REC und CEC.

Zur Förderung von Innovation, bedarf es zudem der Einrichtung regulatorischer Experimentierräume, in denen neue Geschäftsmodelle in einem rechtlich geschützten Rahmen pilotiert werden können. Diese können von der BNetzA begleitet und wissenschaftlich ausgewertet werden.[42]

Insgesamt lässt sich aus dogmatischer Sicht festhalten, dass die „Energienachbarschaft“ eine schlüssige und unionsrechtskonforme Durchführung der europäischen Vorgaben für Bürgerenergiegemeinschaften darstellt. Es bringt die wesentlichen Normziele: Bürgerbeteiligung, Energieautonomie, Marktzugang und Systemintegration in Einklang und überträgt sie in ein praktikables und technisch innovatives Organisationsmodell. Die praktische Überführung erfordert jedoch gezielte gesetzgeberische und institutionelle Anpassungen im deutschen Rechtsrahmen. Zudem zeigt sich, dass trotz der inneren Stimmigkeit des Zielmodells zahlreiche Hindernisse bestehen, die einer Realisierung im Wege stehen. Auf diese Umsetzungshindernisse geht das folgende Kapitel ein.

4.3 Umsetzungshemmnisse des Zielmodells im deutschen Rechtsrahmen

Die europarechtliche Konformität der „Energienachbarschaft“ wird durch strukturelle und regulatorische Hindernisse innerhalb des bestehenden deutschen Rechtsrahmens erschwert.

4.3.1 Rechtliche Hemmnisse bei der Umsetzung der „Energienachbarschaft“

Die bislang unzureichende Ausformulierung der EU-Vorgaben in deutsches Recht stellt ein erhebliches Umsetzungsdefizit dar. Weder das deutsche EEG noch das EnWG definieren bislang eindeutig, wie Energiegemeinschaften rechtssicher

[41] Vgl. Art. 16 Abs. 1 lit. e, Abs. 3 lit. a, b EMD.

[42] Vgl. dena, Energy Communities (2022), S. 46.

Strom untereinander weitergeben dürfen. Dadurch wird die stromseitige Versorgung innerhalb der Gemeinschaft rechtlich als Lieferung an Dritte eingestuft, was zu umfassenden Pflichten wie Bilanzkreisführung, Lieferantenstatus und Registrierungspflichten führt. Dies sind Voraussetzungen, die kleine verbrauchernahe Gemeinschaften kaum erfüllen können.[43]

4.3.2 Technische Limitierung bei der Umsetzung der „Energienachbarschaft"

Auch auf technischer Ebene bestehen Hindernisse. Der Entwurf sieht zwar den Einsatz von Blockchain-basierten P2P-Plattformen sowie iMS vor, doch fehlt es in Deutschland bislang an einer regulatorischen Einbettung entsprechender Geschäftsmodelle. Die Rechtsstellung von Plattformbetreibern ist unklar. Fraglich ist, ob diese als Energieversorgungsunternehmen gelten und damit unter die umfangreichen energierechtlichen Pflichten fallen.[44] Eine differenzierte Rolle als Energiedienstleister oder Aggregator existiert nicht.[45] Dies behindert insbesondere den innovativen Ansatz der regional angebundenen Handelsplattformen. Auch die Integration von Smart Contracts, etwa zur netzdienlichen Steuerung, ist rechtlich nicht vorgesehen und unterliegt zahlreichen Datenschutz- und Sicherheitsbedenken.[46]

4.3.3 Wirtschaftliche Hemmnisse und begrenzte Anreizstrukturen für die Umsetzung der „Energienachbarschaft"

Neben den rechtlichen und technischen Herausforderungen erschweren auch wirtschaftliche Faktoren die Umsetzung der „Energienachbarschaft". Der bestehende Rahmen bietet bislang keine gezielten finanziellen Anreize für gemeinschaftlich genutzte Strommengen. Damit bleibt die gemeinschaftliche Energieversorgung im Vergleich zum individuellen Eigenverbrauch wirtschaftlich unattraktiv.[47]

---

[43] Vgl. dena, Energy Sharing in Deutschland (2024), S. 14.

[44] Vgl. dena, Energy Communities (2022), S. 24; § 3 Nr. 18 EnWG.

[45] Vgl. dena, Energy Communities (2022), S. 22.

[46] Vgl. dena, Energy Communities (2022), S. 41.

[47] Vgl. dena, Leitfaden zur Umsetzung von Energy Sharing Communities in Deutschland (2025), S. 21.

Zudem führen hohe Transaktionskosten und fehlende Skaleneffekte zu erheblichen Belastungen, insbesondere für kleinere Gemeinschaften. Komplexe Abrechnungs- und Meldepflichten sowie der Status als Energieversorgungsunternehmen erhöhen den Aufwand und mindern die Wirtschaftlichkeit.[48]

4.3.4 Institutionelle Defizite und fehlende Umsetzungsstrukturen für die Umsetzung der „Energienachbarschaft"

Ein weiteres strukturelles Problem stellt das Fehlen einer institutionellen Infrastruktur dar, die die Gründung, Betrieb und Skalierung von Energiegemeinschaften aktiv unterstützt. Es gibt aktuell weder eine zuständige Unterstützungsstelle noch standardisierte Prozesse für Genehmigungen, Beratung oder technische Integration.[49] Förderprogramme wie KfW sind nicht explizit auf Bürgerenergieprojekte zugeschnitten und stellen für kleinere Akteure eine kaum überwindbare Einstiegshürde dar.[50]

4.3.5 Regulatorische Beschränkungen Hemmnisse im deutschen Energierecht für die Umsetzung der „Energienachbarschaft"

Die gegenwärtige Entgelt- und Abgabenstruktur behindert gemeinschaftliche Projekte im Energiesektor. Der innerhalb von Gemeinschaften geteilte Strom in Deutschland unterliegt weiterhin der vollen Abgaben- und Umlagenlast, darunter Netzentgelte, Stromsteuer, Konzessionsabgabe sowie diverse Umlagen.[51] Damit fehlt ein wirtschaftliches Anreizsystem, das in anderen Mitgliedstaaten (etwa durch reduzierte Netzentgelte oder Pauschaltarife)[52] bereits etabliert wurde.

Dies steht nicht nur im Widerspruch zum unionsrechtlichen Prinzip der nichtdiskriminierenden Eigenversorgung. Es entzieht dem Modell auch seine betriebswirtschaftliche Tragfähigkeit. Zudem mangelt es an regulatorischer Klarheit für

---

[48] Vgl. dena, Energy Communities (2022), S. 37.

[49] Vgl. neoom, Erneuerbare Energiegemeinschaften in Deutschland: Status Quo (2023).

[50] Vgl. Engage, Soziale Innovationen und Beteiligung von Bürger:innen (2024), S. 108, 111, 138.

[51] Vgl. Engage, Soziale Innovationen und Beteiligung von Bürger:innen (2024), S. 138 f.

[52] Vgl. dena, Energy Sharing in Deutschland (2024), S. 47.

den Marktzugang von Energiegemeinschaften. So ist die Teilnahme am Energiemarkt faktisch auf professionelle Marktakteure zugeschnitten. Des Weiteren kann das Modell bei Realisierung vielfältigen Risiken unterliegen. Darunter zählen technische Ausfälle, regulatorische Unsicherheiten, Strompreisschwankungen und Teilnehmerrisken (z. B. Austritt oder Zahlungsausfälle).

Den Herausforderungen wird durch die diverse Mitgliederstruktur, den Einsatz stabiler Abrechnungsplattformen sowie Rücklagenbildung zur Betriebsabsicherung begegnet.[53]

Ein Blick auf erfolgreiche Umsetzungsbeispiele anderer Mitgliedstaaten zeigt, dass viele dieser Herausforderungen überwindbar sind, wenn klare Zuständigkeiten, digitale Prozesse und gezielte Fördermechanismen geschaffen werden. Dies verdeutlichen ausgewählte internationale Best-Practice-Ansätze.

4.3.6 Internationale BEST-Practice-Ansätze als Orientierung für die Umsetzung in Deutschland

Erfahrungen aus anderen Mitgliedstaaten der Europäischen Union zeigen, dass die erfolgreiche Etablierung von Energiegemeinschaften vor allem dort gelingt, wo ein klarer regulatorischer Rahmen, administrative Vereinfachungen und digitale Infrastrukturen geschaffen wurden. Besonders hervorzuheben sind dabei Dänemark und die Niederlande, die jeweils unterschiedliche, aber übertragbare Erfolgsfaktoren aufweisen.

In **Dänemark** sind sogenannte *EnergiFællesskaber* (Energiegemeinschaften) rechtlich klar definiert und als Marktakteure im Stromsystem anerkannt. Die Projekte profitieren von einem transparenten Rechtsrahmen, standardisierten Genehmigungsverfahren und der frühzeitigen Integration digitaler Abrechnungssysteme auf Basis flächendeckend eingeführter Smart-Meter-Plattformen. Besonders hervorzuheben ist das Projekt *EcoGrid 2.0*, das zeigt, wie Verbraucher und Erzeuger über digitale Schnittstellen aktiv am Strommarkt teilnehmen und Flexibilitäten netzdienlich vermarkten können. Die enge Kooperation zwischen Kommunen, Energieagenturen und Netzbetreibern gilt als zentraler Erfolgsfaktor, da sie bürokratische Hürden reduziert, Investitionssicherheit schafft und lokale Teilhabe stärkt.[54]

In den **Niederlanden** fördern steuerliche Vergünstigungen im Rahmen der sogenannten *Postcoderoos-Regelung* sowie angepasste lokale Netzentgelte

---

[53] Vgl. Umweltbundesamt, Leitfaden zur Finanzierung EEG (2021), S. 41.

[54] Vgl. dena, Beschleuniger der Energiewende (2022), S. 53 ff.

gemeinschaftliche Solar- und Windprojekte.[55] Bürgerkooperativen profitieren zudem von einer hohen Marktdigitalisierung: Plattformen wie *Vandebron* oder *GOPACS* ermöglichen den Peer-to-Peer-Handel innerhalb lokaler Energiegemeinschaften und bieten automatisierte Abrechnungsprozesse. Über das digitale Registrierungsportal der nationalen Energieagentur können Projekte zentral angemeldet und Förderzugänge effizient verwaltet werden. Diese hohe Transparenz und Nutzerfreundlichkeit erhöhen die Beteiligungsbereitschaft und erleichtern die Skalierung kleiner Gemeinschaften erheblich.[56]

Diese Beispiele verdeutlichen, dass regulatorische Klarheit, digitale Standardisierung und institutionelle Unterstützung entscheidende Erfolgsbedingungen für gemeinschaftliche Energieprojekte darstellen. Sie bestätigen zugleich die Umsetzbarkeit des Zielmodells der „Energienachbarschaft", das vergleichbare Strukturelemente, insbesondere offene Mitgliedschaft, digitale Abrechnungssysteme und koordinierte Förderstrukturen integriert. Deutschland kann aus diesen Best-Practice-Ansätzen ableiten, dass eine kohärente Verknüpfung von Recht, Technologie und Governance den entscheidenden Hebel für eine wirksame und bürgernahe Umsetzung bildet.

4.3.7 SWOT-Analyse des Zielmodells „Energienachbarschaft"

Zur abschließenden Bewertung der Umsetzbarkeit des Zielmodells „Energienachbarschaft" werden im Folgenden die zentralen Stärken, Schwächen, Chancen und Risiken systematisch gegenübergestellt (Abbildung 4.2).

Ziel dieser SWOT-Analyse ist es, die strategische Ausgangslage transparent zu machen und mögliche Handlungsfelder zu identifizieren. Sie dient damit als Verbindung zwischen Analyse- und Strategiephase, indem sie die Frage „Wo stehen wir?" mit der Frage „Was folgt daraus?" verknüpft.

Ihr Mehrwert liegt in der Möglichkeit, interne Stärken gezielt mit externen Chancen zu kombinieren, um tragfähige Entwicklungsoptionen abzuleiten, während die Kombination aus Schwächen und Risiken auf zentrale Herausforderungen und notwendige Maßnahmen zur Risikobegrenzung verweist.[57]

---

[55] Vgl. dena, Beschleuniger der Energiewende (2022), S. 46 ff.

[56] Vgl. dena, Beschleuniger der Energiewende (2022), S. 16, 45 ff.

[57] Vgl. Kaufmann, Strategiewerkzeuge aus der Praxis (2025), S. 289.

Stärken (Strengths)	Schwächen (Weaknesses)
• unionsrechtskonform • demokratisch • digitale Abrechnung & transparente Messsysteme • ökonomisch tragfähig durch Energy Sharing, reduzierte Netzentgelte & Förderzugänge • stärkt soziale Teilhabe & Akzeptanz der Energiewende	• hoher gesetzgeberischer Anpassungsbedarf • komplexe Governance und Abstimmungsprozesse bei Bürgerbeteiligung • Abhängigkeit vom flächendeckenden iMS-Rollout • fehlende bundeseinheitliche Förderkulisse und steuerliche Privilegien • begrenzte Skalierbarkeit kleiner Gemeinschaften ohne Standardisierung
Chancen (Opportunities)	**Risiken (Threats)**
• steigender Energiebedarf → wachsender Markt für dezentrale Lösungen • EU-Programme als Förderquelle • Digitalisierung ermöglicht standardisierte Abrechnung & Plattformintegration • Vorbildentwicklung für kommunale und genossenschaftliche Energieprojekte • Beitrag zu den SDGs & ESG-Zielen	• mögliche Überregulierung durch nationale Vorgaben • politisch träge Umsetzung von Entbürokratisierungsmaßnahmen • Datenschutz- und IT-Sicherheitsanforderungen können Einstiegshürden schaffen • Widerstand etablierter Energieversorger & Netzbetreiber • Investitionsunsicherheit bei fehlender langfristiger Regulierung

Abbildung 4.2 SWOT-Analyse: Zielmodell „Energienachbarschaft“

Die SWOT-Analyse verdeutlicht, dass das Zielmodell der „Energienachbarschaft" insbesondere durch seine unionsrechtskonforme Struktur, seine soziale Einbindung und seine digitale Effizienz überzeugt. Zugleich bestehen Umsetzungshürden, die vor allem auf regulatorische Unsicherheiten, hohe administrative Anforderungen und unzureichende Förderanreize zurückzuführen sind. Um die Potenziale des Modells vollständig zu entfalten, bedarf es klarer gesetzlicher Rahmenbedingungen, einer standardisierten technischen Infrastruktur sowie einer nationalen Koordinationsstelle.

Die identifizierten Chancen unterstreichen das strategische Potenzial, die Energienachbarschaft als Modellprojekt in das Energiesystem der Zukunft zu integrieren. An die strategische Bewertung schließt eine normative Reflexion an: Mithilfe des ESG Business Model Canvas wird im Folgenden geprüft, inwiefern die „Energienachbarschaft" den Anforderungen nachhaltiger und verantwortungsvoller Energieversorgung entspricht.

4.4 Reflexion des Zielmodells mit dem ESG Business Model Canvas

Nach der Ausarbeitung der Kernelemente des Zielmodells stellt sich die Frage nach dessen Tragfähigkeit. Zur strukturierten Reflexion wird zusätzlich das in Abschnitt 2.5 eingeführte ESG Business Model Canvas herangezogen (Abbildung 4.3). Dieses Analyseinstrument verbindet die klassische Modellierung von Geschäftsstrukturen mit ökologischen, sozialen und Governance-orientierten Dimensionen.

Durch seine Anwendung kann überprüft werden, inwiefern die „Energienachbarschaft" nicht nur ökonomisch, sondern auch unter Nachhaltigkeits- und Governance-Gesichtspunkten konsistent und anschlussfähig ist.

<table>
<tr>
<td rowspan="2">Wertever-sprechen
- lokale & nachhaltige Energieversorgung
- günstiger Grünstrom
- demokratische Teilhabe
- Transparenz
- Beitrag zur Klimaneutralität
- Reduktion Netzausbaukosten
- Unabhängigkeit</td>
<td>Schlüssel-aktivitäten
- Erzeugung, Speicherung & Verteilung von EE
- Betrieb digitaler Infrastruktur
- Vertrags- & Beteiligungsmana gement</td>
<td rowspan="2">Kunden-segmente
- Haushalte, Vermieter & Mieter
- Kommunen
- Investoren
- KMU</td>
<td>Kunden-beziehung
- Mitglieder-basierte Governance
- regelmäßige Versammlung
- Bildungs- & Informations-angebote zu EE</td>
<td rowspan="2">Markt-kanäle
- Online-Plattform
- lokale Veranstaltung
- Zusammenarb eit mit Kommunen & Wohnungsbau gesellschaften</td>
</tr>
<tr>
<td>Schlüssel-ressourcen
- PV-Anlagen
- Speicher
- digitale Infrastruktur
- Kapital</td>
<td>Schlüssel-partner
- Kommunen
- Netzbetreiber
- EVU
- Banken</td>
</tr>
<tr>
<td colspan="2">Kosten
- Investitionen
- Betriebs-, Personal- & Verwaltungskosten
- Schulung & Beratung
- Strombezug übers allgemeine Netz
- Kredite, Zinsen, Förderungen</td>
<td colspan="3">Einnahmen
- Stromverkauf an Mitglieder
- Netzdienliche Flexibilitätsvermarktung
- Förderung
- Mitgliedsbeiträge, Einlagen, Crowdfunding, …</td>
</tr>
<tr>
<td colspan="2">ESG-Kosten
- Ressourcenverbrauch bei Produktion der Technik
- Flächenkonkurrenz bei PV-Anlagen
- weiterhin Strom übers allgemeine Netz notwendig</td>
<td colspan="3">ESG-Nutzen
E: lokale Nutzung erneuerbarer Energien, THG-Reduktion, Verzicht auf Netzausbau, Aufbau dezentraler Versorgungssicherheit
S: demokratische Teilhabe, offener Markteintritt, günstige Energiepreise
G: transparente Entscheidungsstrukturen, Mitgliederorientierung, kommunale Einbindung</td>
</tr>
</table>

Abbildung 4.3 ESG Business Model Canvas zur Reflexion der „Energienachbarschaft"

Damit erfüllt das Modell die Erfordernisse der EU nicht nur formal, sondern auch in ihrer Zielrichtung. Es stärkt ökologische Resilienz, soziale Einbindung und Versorgungssicherheit. Die ESG-Wirkung der „Energienachbarschaft" erhöht zugleich ihre politische Anschlussfähigkeit und leistet einen konkreten Beitrag zur Verwirklichung europäischer sowie globaler Nachhaltigkeitsziele, insbesondere im Rahmen der Agenda 2030:

- SDG 7: Bereitstellung bezahlbarer, sauberer Energie
- SDG 11: nachhaltige Städte und Gemeinden
- SDG 13: Unterstützung Klimaschutzmaßnahmen
- SDG 17: Zusammenarbeit zwischen Bürgern, Kommunen und Unternehmen zur Erreichung der Ziele

Allerdings sind die Grenzen dieses Ansatzes zu beachten. Der bewusst gewählte Vereinfachungsgrad des ESG-Canvas ersetzt keine juristische oder betriebswirtschaftliche Tiefenanalyse. Aspekte wie regulatorische Risiken, Fördermittelbindung oder marktbezogene Skalierbarkeit bleiben unberücksichtigt. Auch die infrastrukturelle Komplexität bleibt nur eingeschränkt abbildbar.

4.5 Zwischenergebnis

Das im vorliegenden Kapitel entwickelte Modell der „Energienachbarschaft" beantwortet die Forschungsfrage und zeigt auf, welche konkreten Gestaltungsmerkmale ein Zielmodell für Energiegemeinschaften in Deutschland aufweisen muss, um den europäischen Rechtsrahmen aus der RED und EMD gerecht zu werden und zugleich den regionalen Ausbau erneuerbarer Bürgerenergie wirksam zu fördern. Die Innovation des Modells liegt dabei nicht in einzelnen Komponenten, sondern in ihrer rechtskonformen Integration zu einem gemeinschaftlichen Modell in Deutschland.

Das Modell basiert auf einer systematischen Ableitung aus den zuvor identifizierten Lücken im deutschen Rechtsrahmen und greift bewährte Elemente aus der österreichischen Umsetzung sowie aktuellen gesetzlichen Entwicklungen. Es integriert rechtliche, technische, wirtschaftliche und soziale Zielvorgaben in ein strukturiertes Gesamtkonzept, das sowohl praktische Umsetzbarkeit als auch gesellschaftliche Teilhabe ermöglicht. Zugleich berücksichtigt es die bestehenden Umsetzungshindernisse, wie rechtliche Unsicherheiten, fehlende Anreizstrukturen und institutionelle Defizite. Ebenfalls wird aufgezeigt, wie diese durch klare Zuständigkeiten, digitale Standardisierung und gezielte Fördermechanismen überwunden werden können.

Ergänzend veranschaulicht die ESG-Reflexion des Modells, dass die „Energienachbarschaft" nicht nur regulatorisch tragfähig, sondern auch ökologisch wirksam, sozial inklusiv und Governance-konform ausgestaltet ist. Damit erhöht sich nicht nur die gesellschaftliche Akzeptanz, sondern auch die Anschlussfähigkeit an kommunale Strategien, ESG-Investitionen und die Nachhaltigkeitsziele der Agenda 2030. Das Modell wird so nicht nur zum juristisch tragfähigen, sondern auch zum politisch und strategisch anschlussfähigen Instrument der Energiewende. Entscheidend sind eine rechtsfähige Organisationsform mit gemeinwohlorientierter Governance, der Einsatz digitaler Technologien zur Verbrauchsoptimierung und Netzstabilisierung.

Des Weiteren sind faire finanzielle Beteiligungsmodelle für Bürger sowie eine klare Einbindung in regionale Versorgungsstrukturen Bestandteil des Modells. Gleichzeitig wird deutlich, dass ohne Anpassungen im deutschen Rechts- und Förderrahmen die Überführung des Modells in der Praxis erschwert bleibt. Dazu zählen u. a. die Durchleitungsregelungen, die Netzentgeltstruktur oder die fehlende institutionelle Koordinierung.

Insgesamt zeigt das Zielmodell der „Energienachbarschaft", wie sich regulatorische Rahmenbedingungen, technische Machbarkeit und bürgernahes Engagement in einem integrierten Gestaltungsansatz verbinden lassen. Es leistet damit einen fundierten und unmittelbaren Beitrag zur Beantwortung der Forschungsfrage und eröffnet zugleich eine praxisorientierte Perspektive für eine resiliente, dezentrale und nachhaltige Energiezukunft in Deutschland. In Ermangelung geeigneter Umsetzungsstrukturen besteht die Gefahr, dass Energiegemeinschaften ihre potenzielle Rolle in der Energiewende nicht entfalten können.

Dabei ist zu berücksichtigen, dass es sich um eine normativ ausgerichtete Modellskizze handelt, die der strukturierten Ableitung und Zielorientierung dient, ohne alle regionalen, wirtschaftlichen oder regulatorischen Besonderheiten vollständig abbilden zu können. Gleichwohl bietet sie einen realistischen Orientierungsrahmen für künftige Gesetzgebungsinitiativen und Pilotprojekte zur Stärkung von Energiegemeinschaften im deutschen Energierecht.

Zusammenfassung und Ausblick 5

Die Arbeit entwickelt ein unionsrechtskonformes Zielmodell für Energiegemeinschaften in Deutschland, das den Ausbau dezentraler Bürgerenergie wirkungsvoll unterstützen soll. Ausgangspunkt ist die Feststellung, dass die bisherige Umsetzung europäischer Vorgaben unzureichend erfolgt ist. Es fehlt an klaren Definitionen für unterschiedliche Formen von Energiegemeinschaften, an rechtssicheren Regelungen für gemeinschaftlichen Stromverbrauch sowie an ökonomischen Anreizen und institutionellen Unterstützungsstrukturen. Trotz unionsrechtlicher Verpflichtungen hat Deutschland bislang kein umfassendes Gesamtsystem etabliert, während Österreich mit klaren Rechtsformen, zentralen Anlaufstellen und gezielten finanziellen Förderungen bereits unionsrechtskonforme Strukturen geschaffen hat.

Das entwickelte Zielmodell „Energienachbarschaft" adressiert diese Defizite gezielt. Es basiert auf einer rechtsfähigen, demokratisch kontrollierten Organisationsform und erlaubt Energy Sharing über öffentliche Netze. Zudem integriert es digitale Abrechnungssysteme und schafft finanzielle Anreize durch reduzierte Netzentgelte sowie vereinfachte Förderzugänge. Ergänzt wird es durch eine bundesweite Koordinationsstelle, die Gründungs- und Umsetzungsprozesse unterstützt. Damit erfüllt das Modell sowohl die unionsrechtlichen Anforderungen als auch die praktischen Kriterien einer bürgernahen, dezentralen Energieversorgung.

Eine ergänzende SWOT-Analyse verdeutlicht, dass die „Energienachbarschaft" durch ihre unionsrechtskonforme Struktur, digitale Effizienz und soziale Einbindung wesentliche Stärken aufweist, zugleich aber auf regulatorische Unsicherheiten und begrenzte Förderanreize stößt. Diese Erkenntnisse unterstreichen die Notwendigkeit, bestehende rechtliche und wirtschaftliche Hemmnisse gezielt abzubauen, um das volle Potenzial des Modells zu entfalten.

Eine Reflexion anhand des ESG Business Model Canvas zeigt, dass die „Energienachbarschaft" nicht nur ökonomische Tragfähigkeit aufweist, sondern auch

A. Herre, *Energiegemeinschaften im europäischen Energierecht*, Business, Economics, and Law, https://doi.org/10.1007/978-3-658-50998-9_5

ökologische Resilienz, soziale Inklusion und Governance-Aspekte stärkt. Damit leistet sie einen konkreten Beitrag zur Erreichung der Ziele der Agenda 2030.

Für eine Umsetzung in der Praxis sind gesetzgeberische Anpassungen notwendig, insbesondere die Schaffung einer eigenständigen Marktrolle, die Vereinfachung regulatorischer Rahmenbedingungen sowie gezielte Privilegierungen für gemeinschaftlich genutzten Strom. Der aktuelle Entwurf des § 42c EnWG-E stellt zwar einen ersten Ansatz dar, bleibt jedoch hinter dem unionsrechtlich gebotenen Potenzial zurück. Perspektivisch könnte das Modell durch Pilotprojekte auf kommunaler Ebene weiter erprobt und skaliert werden.

Angesichts des wachsenden Energiebedarfs in Deutschland, getrieben durch Elektrifizierung, Sektorkopplung und Digitalisierung, gewinnen dezentrale erneuerbare Energien zunehmend an Bedeutung. Energiegemeinschaften können hier zu einer tragenden Säule der Energiewende werden, indem sie Bürger aktiv einbinden, Versorgungssicherheit erhöhen und Lastspitzen abfedern. Die „Energienachbarschaft" bietet hierfür einen übertragbaren, praxistauglichen Ansatz, der regulatorische Klarheit mit bürgernaher Partizipation verbindet.

Literaturverzeichnis

Aachener Stiftung Beys, Kathy (Hrsg.) (2015): Lexikon der Nachhaltigkeit, Brundtland Bericht,1987, Unsere gemeinsame Zukunft, Aachen, 13.11.2015; URL: https://www.nachhaltigkeit.info/artikel/brundtland_report_563.htm. (zit.: Lexikon der Nachhaltigkeit, Brundlandt Bericht). Letzter Zugriff: 15.08.2025.

Agora Energiewende (2017): Energiewende und Dezentralität. Zu den Grundlagen einer politisierten Debatte, Berlin; URL: https://www.agora-energiewende.de/fileadmin/Projekte/2016/Dezentralitaet/Agora_Dezentralitaet_WEB.pdf; (zit.: Agora, Energiewende und Dezentralität). Letzter Zugriff: 15.08.2025.

Agora Energiewende (2017): Optimierung der Stromnetze. Sofortmaßnahmen zur Senkung der Netzkosten und zur Rettung der deutschen Strompreiszone, Berlin. URL: https://www.agora-energiewende.de/fileadmin/Projekte/2017/Innovative_Netze_Toolbox/Agora_Optimierung-der-Stromnetze_WEB.pdf. (zit.: Agora, Optimierung der Stromnetze). Letzter Zugriff: 15.08.2025.

Ahrend, Klaus-Michael (2022): Geschäftsmodell Nachhaltigkeit – Ökologische und soziale Innovationen als unternehmerische Chance, 2. Auflage, Berlin/Heidelberg.

Assmann, Lukas/Peiffer, Max (Hrsg.): BeckOK EnWG, 15. Edition, Stand: 01.06.2025, C.H. Beck, München 2025. (zit.: BeckOK EnWG/Schnurre, 15. Ed. 1.6.2025, EnWG § 42a Rn. 26–32).

Braun, Matthias/Dabrock, Peter/Ried, Jens (2017): Energiewende: Alles eine Frage der Partizipation?, in: Zeitung für Energiewirtschaft, Ausgabe: 03/2017, Wiesbaden.

Bundeskanzleramt der Republik Österreich (2025): Erneuerbaren-Ausbau-Gesetzespaket, Bundesgesetzblatt authentisch ab 2024, Nr. BGBl. I Nr. 150/2021, Wien; URL: https://www.ris.bka.gv.at/eli/bgbl/I/2021/150. Letzter Zugriff: 16.08.2025. (zit.: Bundeskanzleramt Österreich, EAG-Paket, Nr. BGBl. I Nr. 150/2021).

Bundesministerium für Wirtschaft und Energie (2017): Eckpunktepapier Mieterstrom, Berlin; URL: https://www.bundeswirtschaftsministerium.de/Redaktion/DE/Downloads/E/eckpunkte-mieterstrom.pdf?__blob=publicationFile&v=8. Letzter Zugriff: 15.08.2025.

A. Herre, *Energiegemeinschaften im europäischen Energierecht*, Business, Economics, and Law, https://doi.org/10.1007/978-3-658-50998-9

Bundesministerium für Wirtschaft und Energie (04/2024): Bundesregierung nimmt Stellung zu Empfehlungen der Monopolkommission für mehr Wettbewerb und Versorgungssicherheit auf den Energiemärkten, Pressemitteilung vom 10. April 2024; URL: https://www.bundeswirtschaftsministerium.de/Redaktion/DE/Pressemitteilungen/2024/04/20240410-bundesregierung-monopolkommission-wettbewerb-versorgungssicherheit-energiemaerkte.html. Letzter Zugriff: 12.08.2025.

Bundesministerium für Wirtschaft und Energie (08/2024): Entwurf eines Gesetztes zur Änderung des Energiewirtschaftsrechts im Bereich der Endkundenmärkte, des Netzausbaus und der Netzregulierung, Berlin, 27.08.2024; URL: https://www.bundeswirtschaftsministerium.de/Redaktion/DE/Downloads/Gesetz/20240828-aenderung-energiewirtschaftsrecht-endkundenmaerkte.pdf?__blob=publicationFile&v=6; (zit.: BMWE, Referentenentwurf, 2024). Letzter Zugriff: 15.08.2025.

Bundesministerium für Wirtschaft und Energie (01/2025): Energiegemeinschaften als Schlüssel zur lokalen Energiewende, Berlin, 22.01.2025; URL: https://www.energieforschung.de/aktuelles/news/2025/energiegemeinschaften-als-schluessel-zur-lokalen-energiewende. Letzter Zugriff: 16.08.2025.

Bundesministerium für Wirtschaft und Energie (07/2025): Entwurf eines Gesetzes zur Änderung des Energiewirtschaftsrechts zur Stärkung des Verbraucherschutzes im Energiebereich, zur Änderung weiterer energierechtlicher Vorschriften sowie zur rechtsförmlichen Bereinigung des Energiewirtschaftsrechts, Berlin, 10.07.2025; URL: https://www.bundeswirtschaftsministerium.de/Redaktion/DE/Downloads/Gesetz/2025/20250711-entwurf-aenderung-energiewirtschaftsrecht-staerkung-verbraucherschutz-energiebereich.pdf?__blob=publicationFile&v=6. (zit.: BMWE, Referentenentwurf, 2025). Letzter Zugriff: 15.08.2025.

Bundesministerium für Wirtschaft und Energie (2025): FAQs zum Solarpaket I, Berlin; URL: https://www.bundeswirtschaftsministerium.de/Redaktion/DE/FAQ/Solarpaket/faq-solarpaket.html. Letzter Zugriff: 14.08.2025.

Bundesministerium für Wirtschaft und Energie (2025): Netzdienlichkeit, Berlin; URL: https://www.bundeswirtschaftsministerium.de/Redaktion/DE/Downloads/Gesetz/2025/20250711-entwurf-aenderung-energiewirtschaftsrecht-staerkung-verbraucherschutz-energiebereich.pdf?__blob=publicationFile&v=6. Letzter Zugriff: 12.08.2025.

Bundesministerium für Wirtschaft und Energie (2025): Förderung im Rahmen von EU-LIFE – Programm für die Umwelt und Klimapolitik (2021 – 2027), Berlin https://www.foerderdatenbank.de/FDB/Content/DE/Foerderprogramm/EU/verordnung-umwelt-und-klimapolitik-life.html. Letzter Zugriff: 15.08.2025.

Bundesnetzagentur (2024): Festlegung zur Verteilung von Mehrkosten aus der Integration erneuerbarer Energien – Aufschlag für besondere Netznutzung, Beschlusskammer 8, Festlegungsentwurf BK8–24–001-A, Bonn, 28.08.2024; URL: https://www.bundesnetzagentur.de/DE/Beschlusskammern/1_GZ/BK8-GZ/2024/2024_4-Steller/BK8-24-0001/Downloads/BK8-24-0001-A_Festlegung_Download_BF.pdf?__blob=publicationFile&v=4; (zit.: BNetzA, Beschlusskammer 8, Festlegungsentwurf BK8–24–001-A). Letzter Zugriff: 12.08.2015.

Bundesnetzagentur (2025): Anreizregulierung von Strom- und Gasnetzbetreibern, Bonn; URL: https://www.bundesnetzagentur.de/DE/Fachthemen/ElektrizitaetundGas/Netzentgelte/Anreizregulierung/start.html. Letzter Zugriff: 12.08.2025.

Bundesnetzagentur (2025): Große Beschlusskammer Energie, Diskussionspapier – Rahmenfestlegung der Allgemeinen Netzentgeltsystematik Strom, Bonn; URL: https://www.bundesnetzagentur.de/DE/Beschlusskammern/1_GZ/GBK-GZ/2025/GBK-25-01-1%233_AgNes/Downloads/Diskussionspapier.pdf?__blob=publicationFile&v=6; (zit.: BnetzA, Diskussionspapier). Letzter Zugriff: 15.08.2025.

Bundesnetzagentur (2025): EEG-Förderung und -Fördersätze, Bonn; URL: https://www.bundesnetzagentur.de/DE/Fachthemen/ElektrizitaetundGas/ErneuerbareEnergien/EEG_Foerderung/start.html. Letzter Zugriff:14.08.2025.

Bundesnetzagentur (2025): Integration von steuerbaren Verbrauchseinrichtungen, Bonn; URL: https://www.bundesnetzagentur.de/DE/Vportal/Energie/SteuerbareVBE/start.html. Letzter Zugriff: 15.08.2025.

Bundesnetzagentur (2025): Solaranlagen auf Mehrparteiengebäude: Mieterstromzuschlag und Einspeisevergütung, Bonn; URL: https://www.bundesnetzagentur.de/DE/Fachthemen/ElektrizitaetundGas/ErneuerbareEnergien/Solaranlagen/Solar_Mehrparteien/start.html; (zit.: Solaranlagen auf Mehrparteiengebäude: Mieterstromzuschlag und Einspeisevergütung). Letzter Zugriff: 14.08.2025.

Bundesverband der Energie- und Wasserwirtschaft e. V. (2017): Stellungnahme zum Gesetz zur Förderung von Mieterstrom – Vorschläge für eine gleichmäßige und sachgerechte Verteilung der Lasten, Berlin, 30.03.2017; URL: https://www.bdew.de/media/documents/Stn_20170330_Mieterstromgesetz.pdf; (zit.: Stellungnahme zum Gesetz zur Förderung von Mieterstrom). Letzter Zugriff: 15.08.2025.

Bundesverband der Energie- und Wasserwirtschaft e. V. (2023): Stellungnahme zum Gesetzentwurf zum „Solarpaket I“, Entwurf eines Gesetzes zur Änderung des Erneuerbare Energien-Gesetzes und weiterer energiewirtschaftsrechtlicher Vorschriften zur Steigerung des Ausbaus photovoltaischer Stromerzeugung, BRats-Drs. 383/23, Berlin, 26.09.2023; URL: https://www.bdew.de/media/documents/315_BDEW-Stellungnahme_Gesetzesentwurf_Solarpaket.pdf; (zit.: BDEW, Stellungnahme zum Gesetzentwurf zum „Solarpaket I“). Letzter Zugriff: 14.08.2025.

Bundesverband der Energie- und Wasserwirtschaft e. V. (2025): Strompreisanalyse 2025, 21.07.2025; URL:https://www.bdew.de/service/daten-und-grafiken/bdew-strompreisanalyse/#:~:text=Die%20Kosten%20f%C3%BCr%20Beschaffung%20und,Gesamtpreis%20von%20rund%2028%20Prozent. Letzter Zugriff: 12.08.2025

Bündnis Bürgerenergie e. V. (2023): Umsetzungsstand von Energy Sharing in der EU, REScoopVPP-Analyse, Berlin; URL: https://www.buendnis-buergerenergie.de/fileadmin/user_upload/Umsetzungsstand_von_Energy_Sharing_in_der_EU.pdf; (zit.: Bündnis Bürgerenergie, Umsetzungsstand von Energy Sharing in der EU). Letzter Zugriff: 16.08.2025.

Bungard, Patrick (Hrsg.) (2018): CSR und Geschäftsmodelle – Auf dem Weg zum zeitgemäßen Wirtschaften – Einführung in die Thematik und Überblick des Buchaufbaus, Köln. (zit.: Bungard, Einführung in die Thematik und Überblick des Buchaufbaus).

Cejka, Stephan/Kitzmüller, Kaleb (2021): Rechtsfragen zur Gründung und Umsetzung von Energiegemeinschaften, Internationale Energiewirtschaftstagung an der TU Wien, Wien; (zit.: Cejka/Kitzmüller, Rechtsfragen zur Gründung und Umsetzung von EG).

Dagott, Marc-Phillipp (2024): Die Volks- und Raiffeisensparkasse eG – Narrative, Synergiepotenziale und Umsetzungsskizze der Fusion von Sparkassen und Genossenschaftsbanken einschließlich ihrer Finanzgruppen, Wiesbaden.

Deutsche Energie-Agentur (2025): Alle Publikationen, Berlin; URL: https://www.dena.de/infocenter/alle-publikationen/. Letzter Zugriff: 15.08.2025.

Deutsche Energie-Agentur (Hrsg.) (2022): Energy Communities: Beschleuniger der dezentralen Energiewende – Mit digitalen Technologien auf dem Weg zu neuen Rollen im Energiesystem der Zukunft, Berlin; URL: https://www.dena.de/fileadmin/dena/Publikationen/PDFs/2022/dena-ANALYSE_Energy_Communities_Beschleuniger_der_dezentralen_Energiewende.pdf; (zit.: dena, Energy Communities). Letzter Zugriff: 12.08.2025.

Deutsche Energie-Agentur (Hrsg.) (2024): Energy Sharing in Deutschland: Vom Konzept zur energiewirtschaftlichen Umsetzung, Berlin; URL: https://www.dena.de/fileadmin/dena/Publikationen/PDFs/2024/dena_FEL_Energy-Sharing_Bericht_Web.pdf; (zit.: dena, Energy Sharing in Deutschland). Letzter Zugriff: 12.08.2025.

Deutsche Energie-Agentur (Hrsg.) (2025): Leitfaden zur Umsetzung von Energy Sharing Communities in Deutschland, Berlin; URL: https://www.dena.de/fileadmin/dena/Publikationen/PDFs/2025/Leitfaden_zur_Umsetzung_von_Energy_Sharing_Communities_in_Deutschland.pdf. Letzter Zugriff: 14.10.2025.

Deutscher Bundestag (2023): Entwurf eines Gesetzes zur Änderung des Erneuerbare-Energien-Gesetzes und weiterer energiewirtschaftsrechtlicher Vorschriften zur Steigerung des Ausbaus photovoltaischer Energieerzeugung, Drucksache 20/8657, Berlin, 09.10.2023; URL: https://dserver.bundestag.de/btd/20/086/2008657.pdf; (zit.: Deutscher Bundestag, Gesetzentwurf der Bundesregierung: Drucksache 20/8657). Letzter Zugriff: 14.08.2025.

Deutscher Bundestag (2024): Gesetz zur Änderung des Erneuerbare-Energien-Gesetzes und weiterer energiewirtschaftlicher Vorschriften zur Steigerung des Ausbaus photovoltaischer Energieerzeugung, Vorgang Nr. 302 870, BGBI. I 2024 Nr. 151, Berlin; URL: https://www.recht.bund.de/bgbl/1/2024/151/VO; (zit.: Gesetz zur Änderung des EEG und weiterer energiewirtschaftsrechtlicher Vorschriften zur Steigerung des Ausbaus photovoltaischer Energieerzeugung, BGBI. I 2024 Nr. 151). Letzter Zugriff: 14.08.2025.

Deutscher Bundestag (2024): Wissenschaftliche Dienste: „Energy Sharing“: Regelungen zur gemeinsamen Energieerzeugung und -nutzung, WD 5 – 3000 – 134/24, Berlin; URL: https://www.bundestag.de/resource/blob/1025902/c2b38ad50dc8336a4a0d99e41990a25f/WD-5-134-24-pdf.pdf; (zit.: Deutscher Bundestag, Wissenschaftliche Dienste: Energy Sharing). Letzter Zugriff: 14.08.2025.

DGRV (2024): Energiegenossenschaften 2024 – DGRV-Jahresumfrage unter den Energiegenossenschaften veröffentlicht; URL: https://www.dgrv.de/news/energiegenossenschaften-2024/; (zit.: DGRV, Energiegenossenschaften). Letzter Zugriff: 15.08.2025.

DGRV (2024): Energiegenossenschaften 2024 – DGRV-Jahresumfrage unter den Energiegenossenschaften veröffentlicht; URL: https://www.dgrv.de/wp-content/uploads/2024/07/DGRV_Energiegenossenschaften_Umfrage_2024.pdf; (zit.: DGRV, Energiegenossenschaften – Jahresumfrage). Letzter Zugriff: 15.08.2025.

Die Bundesregierung (2025): Die 17 globalen Nachhaltigkeitsziele verständlich erklärt; URL: https://www.bundesregierung.de/breg-de/schwerpunkte/nachhaltigkeitsziele-erklaert-232174. Letzter Zugriff: 12.08.2025.

Döring, Stephan (2015): Energieerzeugung nach Novellierung des EEG – Konsequenzen für regenerative und nicht regenerative Energieerzeugungsanlagen, Berlin/Heidelberg.

Europäische Kommission (2021): Speech by President Ursula von der Leyen at the High-level Conference “Investing in climate action: The Make-or-Break Decade”; URL: https://ec.europa.eu/commission/presscorner/api/files/document/print/en/speech_21_1361/SPEECH_21_1361_EN.pdf. Letzter Zugriff: 12.08.2025.

Europäische Kommission (2023): A European Green Deal – Striving to be the first climate-neutral continent; URL: https://commission.europa.eu/strategy-and-policy/priorities-2019-2024/european-green-deal_en. Letzter Zugriff: 12.08.2025.

Europäische Kommission (2024): EU-Kommission eröffnet zwei Vertragsverletzungsverfahren gegen Deutschland, 26.09.2024; URL: https://germany.representation.ec.europa.eu/news/eu-kommission-eroffnet-zwei-vertragsverletzungsverfahren-gegen-deutschland-2024-09-26_de. Letzter Zugriff: 12.08.2025.

Europäische Kommission (2025): Copernicus Bericht – 2024 war das wärmste Jahr seit Beginn der Aufzeichnungen, 10.01.2025; URL: https://germany.representation.ec.europa.eu/news/copernicus-bericht-2024-war-das-warmste-jahr-seit-beginn-der-aufzeichnungen-2025-01-10_de#:~:text=Das%20Jahr%202024%20war%20das,des%20Erdbeobachtungssystems%20Copernicus%20der%20EU. Letzter Zugriff: 12.08.2025.

Europäische Kommission (2025): Copernicus Bericht, The 2024 annual climate summary – global Climate Highlights 2024, 10.01.2025; URL: https://climate.copernicus.eu/global-climate-highlights-2024#:~:text=2024%20had%20a%20global%20average,exceed%201.5%20above%20that%20level. Letzter Zugriff: 17.08.2025.

Europäische Kommission (o.D.): Energy Communities Repository products; URL: https://energy.ec.europa.eu/topics/markets-and-consumers/energy-consumers-and-prosumers/energy-communities/energy-communities-repository-products_en?prefLang=de&etrans=de. Letzter Zugriff: 15.08.2025.

Europäische Union (2024): March infringement package – key decisions on energy. Pressemitteilung, Brüssel 13.03.2024; URL: https://energy.ec.europa.eu/news/march-infringement-package-key-decisions-energy-2024-03-13_en. Letzter Zugriff: 15.08.2025.

Europäische Union (o.D.): Arten von Rechtsvorschriften; URL: https://european-union.europa.eu/institutions-law-budget/law/types-legislation_de. Letzter Zugriff: 12.08.2025.

Europäischer Rat (2025): Der REPowerEU-Plan im Detail; URL: https://www.consilium.europa.eu/de/infographics/repowereu/. Letzter Zugriff: 16.08.2025.

Europäischer Rat (2025): Fit für 55; URL: https://www.consilium.europa.eu/de/policies/fit-for-55/#what. Letzter Zugriff: 12.08.2025.

Forschungsstelle für Energiewirtschaft e. V. (2023): Flexibilisierung des Stromsystems: Beitrag von Energy Sharing für Netz-, System- und Marktdienlichkeit. Studie im Auftrag der: Elektrizitätswerke Schönau, München; URL: https://www.ews-schoenau.de/export/sites/ews/ews/.files/studie-energy-sharing-ews-ffe.pdf; (zit.: FfE, Energy Sharing). Letzter Zugriif: 16.08.2025.

Gaugitsch, Roland/Schuh, Bernd (2023): Betriebs- und Vertriebsformate – Erneuerbare Energieanlagen, Gronau; URL: https://www.euregio-zwk.org/content/abschlussbericht_301.pdf. Letzter Zugriff: 16.08.2025.

Gieße, André (2025): Förderung von PV: Kredite, Zuschüsse und Einspeisevergütung, ADAC, 01.08.2025; URL: https://www.adac.de/rund-ums-haus/energie/spartipps/foerderung-photovoltaik/. Letzter Zugriff: 15.08.2025.

Gruber, Lia/Tischler, Christian/Wogrin, Sonja (2022): How to Energiegemeinschaft, 17. Symposium Energieinnovation, Verlag der Technischen Universität Graz, Graz.

Hamann, Annika (2023): Digitale Plattformen für die Energiegemeinschaften der Zukunft, ibmix, 25.07.2023; URL: https://ibmix.de/blog/energiegemeinschaften. Letzter Zugriff: 12.08.2025.

Heidler, Stephan/Lueger, Priska (2025): Energiegemeinschaften in Österreich – eine Möglichkeit, Teil der Energiewende zu werden, A&W Blog, 25.04.2025; URL: https://www.awblog.at/klima-energie/Energiegemeinschaften-in-Oesterreich; (zit.: Heidler/Lueger, Energiegemeinschaften in Österreich (2025). Letzter Zugriff: 15.08.2025.

Intergovernmental Panel on Climate Change (2023): CLIMATE CHANGE 2023 Synthesis Report, A Report of the Intergovernmental Panel on Climate Change; URL: https://www.ipcc.ch/report/ar6/syr/downloads/report/IPCC_AR6_SYR_FullVolume.pdf. Letzter Zugriff: 12.08.2025. (zit.: IPCC, Climate Change 2023 Synthesis Report).

Intergovernmental Panel on Climate Change (IPCC) (2018): Global Warming of 1.5°C. An IPCC Special Report on the impacts of global warming of 1.5°C above pre-industrial levels and related global greenhouse gas emission pathways, in the context of strengthening the global response to the threat of climate change, sustainable development, and efforts to eradicate poverty. URL: https://www.ipcc.ch/site/assets/uploads/sites/2/2022/06/SR15_Full_Report_LR.pdf. Letzter Zugriff: 12.08.2025. (zit.: IPCC, Global Warming of 1.5°C).

Institut für ökologische Wirtschaftsforschung GmbH (IÖW) (Hrsg.) (2024): Energiegemeinschaften als Säule des klimaneutralen Energiesystems etablieren, Policy Brief, Juni 2024, Berlin/Lüneburg. URL: https://www.ioew.de/fileadmin/user_upload/DOKUMENTE/Publikationen/2024/Policy-Brief_SteuerBoardEnergie_Energiegemeinschaften.pdf. Letzter Zugriff: 14.10.2025.

IRENA (2019): Innovation landscape brief: Aggregators, International Renewable Energy Agency, Abu Dhabi; URL: https://www.irena.org/-/media/Files/IRENA/Agency/Publication/2020/Jul/IRENA_Business_Models_Collection_2020.pdf; (zit.: IRENA, Aggregators). Letzter Zugriff: 16.08.2025.

IZES (2021): Kurzstudie zur Umsetzung der RED II-Richtlinie im Bereich Bürgerenergie. Studie im Auftrag des Bundesministeriums für Wirtschaft und Energie, Saarbrücken; URL: https://www.buendnis-buergerenergie.de/fileadmin/user_upload/downloads/Studien/20210728_IZES_Kurzstudie_BBEn_RED_II_final.pdf; (zit.: IZES, Stand der Umsetzung der RED II-Richtlinie in Deutschland mit Blick auf die Bürgerenergie).Letzter Zugriff: 16.08.2025.

Kaiser, Martin/Sadik, Ortun (2025): Internationale Klimakonferenzen, Greenpeace, 13.02.2025; URL: https://www.greenpeace.de/klimaschutz/klimakrise/klimakonferenz#:~:text=Schon%20in%20den%20siebziger%20Jahren,erste%20Klimakonferenz%20in%20Genf%20einberufen. Letzter Zugriff: 12.08.2025.

Karlin, Beth et. al. (2015): Charakterisierung und Potenzial der HEM-Technologie; URL: https://escholarship.org/uc/item/6qd1x5js. Letzter Zugriff: 15.08.2025.

Kaufmann, Traute (2025): Strategiewerkzeuge aus der Praxis, Band 1: Analyse und Beurteilung der strategischen Ausgangslage, 2.Auflage, Berlin.

Klagge, Britta/Schmole, Hanna/Seifl, Irmi/Schön, Susanne (2016): Zukunft der deutschen Energiegenossenschaften. Herausforderungen und Chancen aus einer Innovationsperspektive, in: Raumforschung und Raumordnung 74, 243–258, Berlin/Heidlberg. (zit.: Klagge/Schmole/Seidl/Schön, Zukunft der deutschen Energiegenossenschaften).

Klaus, Larissa/Kuttner,Antje (2018): Der Mensch steht im Mittelpunkt – Zum Geschäftsmodell der Genossenschaftsbanken, in: CSR und Geschäftsmodelle – Auf dem Weg zum zeitgemäßen Wirtschaften, Bungard, Patrick (Hrsg.), Köln; (zit.:Klaus/Kuttner, Der Mensch steht im Mittelpunkt).

Kleemann, Linda (2018): Das Unternehmen der Zukunft als eierlegende Wollmilchsau? Chancen und Grenzen der Entwicklung und Verbreitung von nachhaltigen Geschäftsmodellen, in: CSR und Geschäftsmodell – Auf dem Weg zum zeitgemäßen Wirtschaften, Bungard, Patrick (Hrsg.), Köln; (zit.: Kleemann, Das Unternehmen der Zukunft als eierlegende Wollmilchsau?).

Kopernikus-Projekt Ariadne Potsdam-Institut für Klimafolgenforschung (Hrsg.) (2021): Deutschland auf dem Weg zur Klimaneutralität 2045 – Szenarien und Pfade im Modellvergleich, Potsdam; URL: https://ariadneprojekt.de/media/2021/10/Ariadne_Szenarienreport_Oktober2021_corr0222_corr0524.pdf; (zit.: Ariadne-Report, Deutschland auf dem Weg zur Klimaneutralität 2045). Letzter Zugriff: 15.08.2025.

Kreditanstalt für Wiederaufbau (2025): Erneuerbare Energien – Standard: Der Förderkredit für Strom und Wärme, Nr. 270; URL: https://www.kfw.de/inlandsfoerderung/Privatpersonen/Bestandsimmobilie/F%C3%B6rderprodukte/Eneuerbare-Energien-Standard-(270)/?wt_mc=167275365278_710775029418&wt_kw=e_167275365278_kfw%20f%C3%B6rderung%20erneuerbare%20energien&wt_cc1=wohnen&wt_cc3=167275365278_kwd-335964557658_710775029418&gad_source=1; (zit.: Kfw, Erneuerbare Energien-Standard). Letzter Zugriff: 15.08.2025.

Loan Market Association (Hrsg.) (2025): Green Loan Principles, London, 26.03.2025; URL: https://www.lma.eu.com/application/files/1917/4298/0817/Green_Loan_Principles_-_26_March_2025.pdf. Letzter Zugriff: 17.08.2025.

Lüdeke-Freund, Florian (2018): Unternehmerische Verantwortung und Nachhaltigkeit – Welche Rolle spielen Geschäftsmodelle?, in: CSR und Geschäftsmodelle – Auf dem Weg zum zeitgemäßen Wirtschaften, Bungard, Patrick (Hrsg.), Köln; (zit.: Lüdeke-Freund, Unternehmerische Verantwortung und Nachhaltigkeit – Welche Rolle spielen Geschäftsmodelle?).

Michalski, Daniela/Reiß, Philipp/Strauss, Wolf-Christian (2021): Klimaschutz im Gebäudesektor – Neue Wege für die Wohnungswirtschaft. Impuls für das Strategieforum „Wohnungswirtschaft" des Grünen Wirtschaftsdialogs (Difu-Sonderveröffentlichung), Berlin; URL: https://backend.repository.difu.de/server/api/core/bitstreams/645c3a06-a8eb-46b5-961c-14d15ef5095b/content; (zit.: Klimaschutz im Gebäudesektor). Letzter Zugriff: 16.08.2025.

neoom GmbH (2023): Erneuerbare Energiegemeinschaften Deutschland: Status Quo, 30.10.2023; URL: https://neoom.com/blog/erneuerbare-energiegemeinschaften-deutschland-status-quo. Letzter Zugriff: 16.08.2025.

Österreichische Koordinationsstelle für Energiegemeinschaften (2025): Erneuerbare-Energie-Gemeinschaft; URL: https://energiegemeinschaften.gv.at/erneuerbare-energiegemeinschaften-eeg/; (zit.: Österreichische Koordinationsstelle, EEG). Letzter Zugriff: 16.08.2025.

Österreichische Koordinationsstelle für Energiegemeinschaften (2025): EU-Fördercall: Von der Idee zum Businessplan mit der Unterstützung der European Energy Communities Facility; URL: https://energiegemeinschaften.gv.at/eu-foerdercall-von-der-idee-zum-businessplan-mit-der-unterstuetzung-der-european-energy-communities-facility/; (zit.: Österreichische Koordinationsstelle, EU-Fördercall).

Österreichische Koordinationsstelle für Energiegemeinschaften (2025): Bürgerenergiegesellschaften; URL: https://energiegemeinschaften.gv.at/buergerenergiegemeinscha ften-beg/; (zit.: Österreichische Koordinationsstelle, BEG). Letzter Zugriff: 16.08.2025.

Österreichische Koordinationsstelle für Energiegemeinschaften (2025): Wer wir sind; URL: https://energiegemeinschaften.gv.at/koordinationsstelle/. Letzter Zugriff: 16.08.2025.

Pauleweit/Koopmann/Endrullis/Grosche, IKEM (Hrsg.) (2024): ENGAGE-Studie: Soziale Innovationen und Beteiligung von Bürger:innen an der lokalen Energiewende in Deutschland, Berlin; URL: https://www.buendnis-buergerenergie.de/fileadmin/user_upload/Projektseite_ENGAGE/ENGAGE-Report-Web_neu.pdf; (zit.: Engage, Soziale Innovationen und Beteiligung von Bürger:innen). Letzter Zugriff: 16.08.2025.

Prognos AG/Fraunhofer IWES/ifeu (2017): Schlussbericht Mieterstrom- Rechtliche Einordnung, Organisationsformen, Potenziale und Wirtschaftlichkeit von Mieterstrommodellen. Studie im Auftrag des BMWE, Berlin; URL: https://www.bundeswirtschaftsm inisterium.de/Redaktion/DE/Publikationen/Studien/schlussbericht-mieterstrom.pdf?__blob=publicationFile&v=4; (zit.: Prognos AG/Fraunhofer IWES/ifeu, Schlussbericht Mieterstrom). Letzter Zugriff: 14.08.2025.

Radtke, Jörg/Canzler, Weert (Hrsg.) (2019): Energiewende – Eine sozialwissenschaftliche Einführung, Wiesbaden. (zit.: Radtke/Canzler, Energiewende).

Säcker/Appel/Koch/Ludwigs (2024): § 54 MsbG Transparenzvorgaben für Verträge, Smart Contracts. (zit.: BeckOGK/Lehner/Schmittmann, § 54 MsbG. Rn. 57).

Schiffer, Hans-Wilhelm (2023): Einführung in die Energiewirtschaft – Ressourcen und Märkte, Wiesbaden. (zit.: Schiffer, Einführung in die Energiewirtschaft).

Schölzel, Anke (2024): ESG – Definition und Bedeutung für Unternehmen und Investoren, 14.06.2024; URL: https://www.haufe.de/sustainability/strategie/esg-definition-und-bedeutung-fuer-unternehmen-und-investoren_575772_625088.html. Letzter Zugriff: 14.10.2025.

Schwintowski, Hans-Peter (2025): Aufbruch zur Dezentralen Energieversorgungsgemeinschaft – ein Konzept für preisgünstigen grünen Strom ohne jede Regulierung, in: VuR 2025, 95. (zit.: Schwintowski, Aufbruch zur Dezentralen Energieversorgungsgemeinschaft.)

Statistisches Bundesamt (2025): Europäischer Green Deal: Klimaneutralität bis 2050; URL: https://www.destatis.de/Europa/DE/Thema/GreenDeal/GreenDeal.html. Letzter Zugriff: 12.08.2025.

Surmann, Ame/Erge, Thomas/Kühnbach, Matthias/Kohrs, Robert (2022): Lohnt sich die österreichische Energiegemeinschaften auch für Deutschland? – Eine Fallstudie, in: Energiewirtschaftliche Tagesfragen 72, Heft 1, 54–58 Offenbach am Main.

Teichgräber, Hendrik (2025): Die Zukunft von Energy Sharing in Deutschland, Erneuerbare Energien Hamburg, 23.04.2025; URL: https://www.erneuerbare-energien-hamburg.de/de/blog/details/die-zukunft-von-energy-sharing-in-deutschland.html. Letzter Zugriff: 16.08.2025.

Umweltbundesamt (2024): Klimakonvention der Vereinten Nationen, 30.01.2024; URL: https://www.umweltbundesamt.de/themen/klima-energie/internationale-eu-klimapolitik/klimarahmenkonvention-der-vereinten-nationen-unfccc#entwicklungen-seit-in-kraft-treten. Letzter Zugriff: 12.08.2025.

Umweltbundesamt (Hrsg.) (2022): Leitfaden zur Finanzierung von Erneuerbare-Energie-Gemeinschaften in Österreich. Langfassung. Im Auftrag des Bundesministeriums für Klimaschutz, Umwelt, Energie, Mobilität, Innovation und Technologie, Wien 07.12.2021; URL: https://energiegemeinschaften.gv.at/wp-content/uploads/sites/19/2022/01/Leitfaden-Umweltbundesamt-Langfassung_UA.pdf; (zit.: Umweltbundesamt, Leitfaden zur Finanzierung EEG).

Vereinte Nationen (2015): Agenda 2030 für nachhaltige Entwicklung – Ziele für nachhaltige Entwicklung; URLhttps://sdgs.un.org/goals. Letzter Zugriff: 12.08.2025.

Volksbank Wien AG (Hrsg.) (2022): So geht Nachhaltigkeit für KMU und Genossenschaften: Schwerpunkt Energiewende, Wien; URL: https://www.volksbankwien.at/ressourcen/zib/downloads/nachhaltigkeit/volksbank_nh2022_wien.pdf; (zit.: Volksbank Wien, So geht Nachhaltigkeit für KMU),Letzter Zugriff: 15.08.2025.

Wagner, Eric/Ruttloff, Marc/Schuler, Florian (2025): Orientierungspunkte der Rechtsprechung für ESG-Pflichten im Jahr 2024, in NJW 2025, 1100. (zit.: Wagner/Ruttloff/Schuler: Orientierungspunkte der Rechtsprechung für ESG-Pflichten im Jahr 2024).

Wenzel, Franz/Schmidtpeter, René (2018): Neue Geschäftsmodelle und kooperative Innovation – vom Crowdfuning zum Crowd Funding, in: CSR und Geschäftsmodelle – Auf dem Weg zum zeitgemäßen Wirtschaften, Bungard, Patrick (Hrsg.), Köln. (zit.: Wenzel/Schmidtpeter, Neue Geschäftsmodelle und kooperative Innovation).

World Commission on Environment and Development (1987): Our Common Future, Oxford; URL: https://sustainabledevelopment.un.org/content/documents/5987our-common-future.pdf. Letzter Zugriff: 12.08.2025.

Zenke, Ines (2018): Energiegesellschaft. in Gabler Wirtschaftslexikon, 19.02.2018; URL: https://wirtschaftslexikon.gabler.de/definition/energiegesellschaften-54390#:~:text=Definition%3A%20Was%20ist%20%22Energiegesellschaften%22,und%2Foder%20auch%20autarken%20Energieversorgung.&text=%C3%9Cber%20200%20Experten%20aus%20Wissenschaft%20und%20Praxis. Letzter Zugriff: 12.08.2025.